JN410446

점안(點眼)의 시법(詩法)

〈시천지〉 동인, 그 여덟 번째

점안(點眼)의 시법(詩法)

시인동네

서문

아, 천지에 시의 탑을 세우는 꿈의 나라를 건설할 수만 있다면

개나리가 지천에 피었다. 진달래도 덩달아 짙은 핑크빛 꽃망울을 지천에 내밀었다. 우리의 가슴이 붉게 개화를 하는 계절에 우리 〈시천지(詩天地)〉 동인들도 절차탁마의 시간을 거친 시작(詩作)을 세상에 내놓는다. 모두 84편이다. 벌써 여덟 번째 동인지이다.

1994년 처음으로 동인이 결성되어, 그 이듬해 첫 번째 동인지 『상처의 곳간: 천지 안에서의 건강을 꿈꾸며』를 상재한 이후, 2014년 일곱 번째인 『뜸』을 거쳐 벌써 스물세 해를 지내왔다. 그 이력으로 보면, 혈기왕성한 청년의 몸짓이고 힘찬 비상이다. 과연 하늘과 땅은 이렇게 성장해온 우리들의 언어를 어떻게 품어주고 어떻게 번역해줄지 벌써부터 설렌다. 그리고 우리들의 언어들이 사람들의 가슴에 어떻게 시의 집을 짓는지도 지켜볼 것을 생각하면 적잖은 두려움도 교차한다.

진영대, 최영규, 한이나, 고영섭, 김성오, 김영교, 서주석, 윤정구, 이나명. 이렇게 아홉 명의 동인에 박수빈, 오석륜 두 명의 시인이

2015년 3월부터 합류하여, 〈시천지〉의 미래를 같이 설계하는 동행이 되었고 도반이 되었다.

탄탄한 시적 결기와 완성도를 갖춘 기존 동인들과 함께 새로운 목소리, 새로운 개성을 덧붙여 시천지의 고결한 시적 품격에 일조하리라 기대된다. 다만, 안타까운 것은 처음부터 동인으로 참가하여 줄곧 주옥같은 작품을 써 왔던 노명순 시인이 불의의 사고로 하늘의 부름을 받고 먼저 저 세상으로 떠나간 일이다. 여덟 번째 동인지 출간을 축하하는 그의 노래가 들리는 듯하여, 내내 그립기만 하다.

우리 〈시천지〉 동인은 시를 쓴다는 것이 나를 지키고 나를 완성해가는 혹독한 삶의 과정과 서로 맞물려 있음을 잘 알고 있다. 그리하여 우리들 마음의 소리가 세상의 위로가 되고 범속의 티끌을 털어내는 데 기여할 수 있다면 더없는 행복이고 더없는 기쁨이겠다. 그것이 우리 〈시천지〉 동인이 존재하는 이유다. 그래서 우리의 시작은 멈추지 않고 계속될 것이다. 아, 천지에 시의 탑을 세우는 꿈의 나라. 바로 그곳이 우리들의 나라다.

2017년 4월

오석륜

차례

서문_ 오석륜

진영대

사과 향 · 12
그 사람 · 14
물병 · 15
꽃피는 봄이 오면 · 16
옛사랑이 생각난다 · 18
우유팩을 말리며 · 19
탈피(脫皮) · 20
봄, 윤회 · 22

최영규

초오유 · 24
노란부리까마귀 · 26
꿈 · 27
야크(Yak) · 28
송촌리(松村里) · 30
심정 · 31
크레바스 · 32
비박 · 34

한이나

아바나 말레콘 · 36

몬트레이 17마일 · 38
헛꽃 · 40
동백의 시간 · 41
돌 거울 · 42
걷는 독서 · 44
파릉의 취모검 · 46
도라지 佛 · 48

고영섭

나는 쓴다 고로 나는 존재한다 · 50
물 · 52
묘미 · 53
길 · 54
벚꽃 사리 · 55
뿐 · 56
원효로에서 원효를 만나다 · 58
일연의 독백 · 60

김성오

출산 · 62
촛불집회 · 64
동충하초 · 65
가을 문자 · 66

김영교

내 귓속을 들여다봐 · 68

수련(睡蓮) · 69

호모 파베르(Homo Faber) · 70

동백꽃 울어 · 71

꽃차를 마시는 오후 · 72

코닥 필름 · 73

아메리카노 · 74

겨울 벌교 · 76

박수빈

화이트와인 · 78

팥빙수 · 79

피아노방울 · 80

도마뱀 · 82

여여(如如) · 83

49) 위의 책, pp.50~53. · 84

The winner takes it all · 86

질문의 도서관 · 88

서주석

힐링꽃 · 90

꿈의 꽃 · 92
비움꽃 · 94
화의 꽃 · 96
가래토시꽃 · 98
알몸꽃 · 100
와선꽃 · 102
눈물꽃 · 104

오석륜

여우비 · 106
식구 · 107
산속의 가뭄을 옮겨 적다 · 108
단칸방 · 110
그리움은 바람의 성질을 갖고 있다 · 112
강가에서 · 113
지옥에서 배달된 그림 · 114
단양역에서 · 116

윤정구

복음(福音) · 118
아버지의 아버지 · 119
점안(點眼)의 시법(詩法) · 120

보이지 않는 노래 · 122
다산초당의 노을 · 123
망원(望遠) · 124
죽은 시인과의 만찬 · 126
다시 봄, 너구동 · 128

이나명

개화(開花) · 130
경계를 지우다 · 131
꿈을 꾸었다 · 132
늦게 와도 괜찮아, 기다리고 있을게 · 134
바람하고 노는 법 · 136
애기똥풀 · 137
병 속의 토끼 · 138
블랙홀 · 140

해설 멀고 먼 서정의 끄트머리 · 141
우대식(시인)

〈시천지〉 동인 연보 · 166

〈시천지〉 동인 주소록 · 169

<< 진영대

충남 연기 출생. 1997년 《실천문학》 등단. 시집 『술병처럼 서 있다』가 있다.

사과 향

크고 튼실했던 사과여.

냉장고 야채실에 넣어두고
세상일 무엇이 그리 바쁘다고
까마득하게 잊고 살았는지
너를 꺼내놓고 보니,

푸르고 싱싱했던 사과가
주먹만 하게 쪼그라들었다.

방 안에 한 삼 년
이불로 잘 덮어두었던 아버지
황달이 들고 쪼글쪼글해진 아버지

기침 소리가 들리지 않으면
식구들은 서로의 얼굴을 바라보다가
무엇을 잊어버린 얼굴로 서로를 바라보다가
갑자기 크고 튼실했던 아버지가 생각난 것일까,

방 안에 들어가 잘 덮어두었던 이불을
살며시 걷어 보았다.

그때마다
참았던 기침을
쿨럭쿨럭 토해내던 아버지의

단내인지, 구린낸지 모를
사과 향이여.

그 사람

문짝을 떼어 가
안방까지 환히 보이네.
털려도 골백번은 털렸을 집
숨길 것이 무엇
더 남아 있을까 싶은 집
호박덩굴이 집 한 채를 다 덮어버렸네.

육덕이 그리워
꽃 등불로 집 한 채를 다 밝혀놓았네.

물병

길가에 빈 페트병이
버려져 있다.

병 속의 물은 다 쏟아버리고
햇볕 가득 담아놓았다.

누군가는
병 밑바닥까지
기어 들어가
그 속을 다 파먹으라고

병뚜껑을 모두
열어두었을 것이다.

꽃피는 봄이 오면

한번 눌러 붙으면
좀처럼 떨어지지 않았다.
조치원역 야외화장실 옆에
동전 몇 개로 냉면그릇 안의
지폐 한 장 눌러놓고 종일 졸고 있는
봄 춘, 석 삼자를 쓴다는
춘삼이 아저씨.
오늘은 벚꽃만 수북하게 쌓아놓았다.
지폐의 절반이 면발처럼
냉면그릇 밖으로 삐져나와 있었다.

햇살의 경사 점점 기울어
냉면그릇에 고인 그늘이 사골육수 같다.
고명처럼 올려놓은 벚꽃이 먹음직하다.

이 사람아
눈을 떠보시게.
막걸리 같은 햇볕을 종일 퍼마시더니

꽃밥 한 그릇 앞에 놓고
잠이 들었다.

옛사랑이 생각난다

마을버스를 기다리는 선산 할머니 옆에
코스모스꽃 한 무더기 서성거린다.
꽃망울 방울방울 부풀어 올라
분홍빛 젖꼭지를 닮았다.

하루 네 번씩 다니는 버스가
용바위 고개를 넘어가 보이지 않았다.
이불보따리를 닮은 선산 할머니도
보이지 않았다.

버스가 내뿜는 매연을 뒤집어쓰고
쓰러졌던 꽃들이 겨우 일어나
이놈아, 못 간다.
가면 못 쓴다
한번 박히면 잘 빠지지 않을 악다구니를,
도깨비풀씨처럼
끝이 뾰족하고 까만 꽃씨를
톡, 톡 뱉어내고 있었다.

우유팩을 말리며

나는 찢어진 것이니
어딘가에 틈이 생긴 것이니
부패하기 시작한 것이니
거품을 일으키며 부풀어 오른 것이니
나의 폐부에 빨대를 꽂지 않아도

이제 나는 줄줄 흘러내릴 것이니
흐를 만큼 흐르고 나면 얼룩으로 남을 것이니
햇살이 붉은 혓바닥을 내밀어
마음껏 핥아 먹을 수 있게
오므려 두었던 모서리를 잘 펴서
창가에 말려둘 것이니
겹겹이 쌓아놓을 것이니

처음부터 껍데기만이 나의 본질이었다.
부패하기 쉬운 내 안의 물질
다 쏟아붓고 이제
나였던 껍데기로 돌아갈 것이다.

탈피(脫皮)

매미껍질의 등짝에
칼금을 그어 준 이는 누구였을까
부풀어 터질 것 같은 몸으로
나무를 기어오르는 일이 얼마나 힘들었던지
아직도 나무 등걸을 움켜쥐고 있다
빈 껍질이 되어서도 떨어질 줄 모르고
발가락에 힘이 들어가 있다
악착같이 달라붙어 있는
매미껍질의 포복자세
굼벵이로 살아온 세월이 몇 년인데
겨우 제 발로 기어 다닐 수 있을 뿐인데
망설이는 동안
부풀어 오른 등짝을 단칼에 찢어놓은 것은
희망이었을까

한때는 백여 호 넘게
굼벵이처럼 우글거리며 살던 사람들
다 떠나고

빈집으로 남은 이주민 마을에
제 세상 만나 짱짱하게 우는
매미 떼처럼 나도

악착같이 어딘가를 기어오른다
늦었지만 지금이라도 이주해야 한다
등짝 둥글게 말아서 내밀고 눈 질끈 감는다
칼금을 기다리고 있다

봄, 윤회

담장 밑에 쪼그리고 앉아
햇볕을 받아먹던 할머니
멀리서 보면 먼지버섯처럼 동그랗게 보인다.
금방 먼지 폴폴 날리며
쪼그라들 것 같다.
자신을 잔뜩 부풀리고 앉아
햇볕도 송구스럽다는 듯이
연신 굽실거리며
받아먹는다.
빨간 플라스틱 목욕의자에 앉아
전단지도 펴서 쌓아놓고
골판지박스도 할머니 키보다 높게 쌓아놓았다.
한겨울 지나고
할머니가 쪼그리고 앉아 있던 자리에

할미꽃이 다소곳 피어
할머니가 받아먹던 햇볕을
받아먹고 있다.

최영규

강원 강릉 출생. 1996년 《조선일보》 신춘문예 등단. 시집 『아침시집』 『나를 오른다』 등이 있다. 〈서사시문학〉 동인. 한국시인협회 사무총장 역임. 〈한국시문학상〉 〈경기문학상〉 〈바움작품상〉 수상.

초오유
—안데스 19

방석만 한 뒷마당 돌 위에 앉아 초오유*를 생각한다. 여기로 그때의 초오유를 불러 살피고 만지고 안겨 그것을 멋지게 옮겨보려 애를 쓴다. 이렇게 하루가 가고 있다—시인의 하루. 초오유의 하루. 그렇게 지나가는 하루. 지나와 버린 그곳 초오유.

백색의 거대한 장막(帳幕)처럼 하늘을 가리며 나타났던 초오유(Cho Oyu). 그 앞에 허리를 굽혀 엎드린 능선의 거친 등줄기들. 야크의 등짐마냥 흰 눈을 지고 있는, 털을 세운 성난 짐승처럼 위협하듯 깎아지른 설벽으로 빙하를 에워싸고 있었지.

몇 장의 사진과 지도를 펼쳐놓고 어느 지점으로, 어느 고도에 오를 수 있을 것이라고 오르자고 떠들어대었던 철없음이 소리 내지 못할 울음으로 쏟아졌지—그를 올려다보며.

태초의 백색. 그 만년설의 장막 뒤로 자신을 감춘 초오유는 아무도 다가오지 말라고 다가올 수 없다고 소리가 아닌 절대 침묵으로 쉼 없이 호령하고 있었지.

쓰러져버렸던 마음. 그래도 더듬더듬 무슨 소리든 내보려고 내 뒤에 매달려 안간힘을 쓰고 있었지. 그때 나는 그곳 그 어디에다가도 나를 내려놓을 수 없었지.

몇 줄 안 되는 인간의 말로는 전할 수도, 써낼 수도 없음을 알게 되었지.

---

*초오유(Cho Oyu 8,201m)는 히말라야 8,000미터급 14좌 중 6번째의 높이를 갖고 있는 봉우리로 에베레스트(Everest 8,848m)로부터 북서쪽으로 28Km 떨어진 곳에 위치해 있다.

초(Cho)는 '신성 또는 정령'이란 뜻이고, 오(O)는 여성의 어미(語尾)로, '초오'는 '女神'이란 뜻이 되며, 유(Yu)는 터키옥(玉) 즉 보석을 뜻한다. 그래서 일반적으로 초오유를 '터키옥의 여신'을 뜻한다고 하며, '신의 머리' '강력한 (큰) 머리' '강한 통치자' '큰 산' 등으로 해석되기도 하나, 서티벳 지역의 라마승들은 '거대한 머리'를 뜻한다고 얘기한다.

노란부리까마귀
—안데스 21

생각으로 가득 차 있는 눈동자는 치명(治命)*과도 같았다. 노란부리까마귀 5,700미터나 되는 전진 캠프까지 올라와서도 도무지 울지 않았다. 대원들의 작은 몸짓에도 휙 날아올라 얼어붙은 고산의 하늘을 깨뜨리며 작은 점으로 사라지곤 했다. 고산지대엔 어울리지 않던, 눈물이 할 말을 움켜쥐고 있던 눈빛. 우리는 어쩌면 서로 다른 몸을 얻어 입고 나와 같은 곳을 바라보고 있는 것인지도 몰랐다. '살아서 돌아갈 수 있을까' 두려움이 빈 배낭을 끌어안고 선잠이 든다.

새벽. 날씨를 살피려 텐트 밖으로 고개를 내미는 순간, 노란부리까마귀들 바위 위에 앉아 일제히 그곳을 바라보고 있었다. 정상의 만년설! 나는 없는 길을 찾아가야 하는 저들의 생각과 기어이 마주치고 말았다.

---

* 치명(治命): 운명할 무렵에 맑은 정신으로 하는 유언.

꿈
—안데스 22

깜빡 잠들어 꿈속에서 만난 우리 집 뒤 운길산.

낮달이 산자락에 걸터앉아 참 편안하다. 한 사나흘 무작정 비를 맞았는지, 푸른 속살 내어줄 듯 지척이다.

건너편 초오유샤우*에서 쏟아져 내리며 우르릉거리는 눈사태 소리에 놀라 깨었다. 잠시 후 텐트까지 흔들어대던 차가운 바람이 눈물 고인 눈을 쓱 닦고 지나갔다. 죽은 나를 만나기라도 한 듯 떠밀려 나가는 기운에 눈이 크게 떠졌다.

열린 텐트의 틈새로 늘 쳐다보았던 순백의 그곳이, 세상에 없는 색으로 투명해지며 까마득하게 멀어져 갔다. 아니 틀림없이 먼 길을 떠나고 있는 게 분명했다.

아, 화들짝 놀라 쫓겨난 하루.

---

*초오유샤우는 '초오유의 모자(帽子)'라는 뜻이며, 초오유(8,201m) 주변의 7,000미터급 봉우리 중 하나이다.

야크(Yak)
—안데스 26

꺾이거나 부러지지 않을
저 다리, 저 무릎

무너지며 흘러내리는
파석(破石)의 모레인(Moraine)* 지대
깎아지른 급사면에
사선(斜線)을 그으며 전진하는 야크(Yak)**

삶과 죽음을 함께 담보하는
고산(高山)의 영역과
외눈박이 어리석은 인간들을 연결하는

3,000미터 아래의 저지대에서는 생존할 수 없는 짐승
저 특별한 짐꾼
저 특별한 구도자(求道者)

가끔 하늘을 볼 뿐
가끔 커다란 머리를 흔들어 털 뿐

할 말은 있지만
어금니를 물어 입을 닫은
묵언의 정진(精進)

그들의 주먹만 한 까만 눈동자에 담겨 있는
알 수 없는 경계 밖 그곳으로
외눈박이 인간들을
인도(引導)해 간다.

---

*모레인(Moraine) 지대란 빙하에 의해 운반되어 쌓인 퇴석구(堆石丘) 즉 돌, 모래, 흙들이 거대한 강처럼 형성된 지역을 말한다.

**야크(Yak)는 티베트와 히말라야 지역 고산지대에서 사는 긴 털과 짧지만 강한 다리를 갖고 있는 소의 일종으로, 하루에 무거운 짐을 30km 이상 운반할 수 있어, 티베트 등 고산지역에서는 주요 운송 수단으로 이용하고 있다. 야생종은 고도 4,000~6,000m에 이르는 고원에 분포해 살고 있다.

송촌리(松村里)
—안데스 23

운길산 수종사 아래

나비 날개처럼, 나뭇잎 통과한 햇살처럼, 흔들리는 벼꽃 그림자처럼, 쌀 씻는 소리처럼, 고양이 발자국처럼, 산수국(山水菊)의 현란한 보라색 눈빛처럼, 아이들 공깃돌 잡아채는 소리처럼, 능소화의 붉은 울음처럼, 일렁이는 개울물 그림자처럼,

아침 들고 돌아서서

사람들 발자국 좇아가는

봐라, 등 뒤로

삼베조각 오려놓은 것처럼

입 꼭 다문

그런 낮달이 있다.

심정*
—안데스 25

피가 섞인 콧물이 흐른다. 침을 삼키려면 터져버릴 것 같은 목울대, 온몸을 웅크린 오소리 꼴이 되어서는 주위를 살핀다. 아침이면 어김없이 핏덩이가 섞인 가래를 한 움큼씩 뱉어낸다. 허기로 숨 쉴 기력조차 없지만 막상 밥알은 단 한 톨도 목구멍 속으로 삼킬 수 없다. 누가 내 머릿속에서 맷돌질을 하는지 틈 없이 덤벼드는 두통. 아, 모든 게 자근자근 나를 무두질해대며 하산! 그만 하산하라고, 후들거리는 허벅지로 겨우 버티고 서 있는 나를 밀어 바람 앞에 세운다.

오후 4시, 한낮도 훨씬 지났는데 햇살은 여전하다. 저 기세라면 어제 내린 폭설도 농담처럼 가볍게 녹일 것이고, 바람은 다시 구름을 불러 모아 하늘을 잘게 부숴놓을 것이다. 거짓말처럼 반복되는 폭설은 오한을 불러온다. 나는 고소용방한복에 팔과 다리를 겨우 겨우 끼워 넣으며 오늘이 며칠이더라,

환각처럼 보이는 멀리, 빙하 아래쪽으로 소용돌이치며 흩어지는 내가 보인다.

---

*심정(心旌): 마음의 깃발. 바람에 나부끼는 깃발처럼 마음이 안정되지 않아 산란한 상태를 이르는 말.

크레바스*

—안데스 27

칼질을 당한 커다란 흉터였다
아니 긴 시간 날을 세운 깊은 생각이었는지도 모른다

목을 뻗어 내려다보는 순간,
보이지 않는 바닥 그 어두운 곳으로부터
빙하의 서늘한 입김 훅 올라왔다
색깔을 분간할 수 없는
기억에서조차도 사라져버렸던 그런 어둠이었다
순간 주춤, 허벅지 근육에 힘이 들어가며
두려움이 힘을 썼다

입구에서 떨어진 얼음 조각들이
섬광처럼 잠깐씩 반짝거리곤
깊은 얼음벽을 따라 나의 시선과 함께
어두움 안으로 사라졌다
저 영원히 헤어나지 못할 속박(束縛) 같은 공간

깊어, 보이지도 않는 어둠을 품고

거친 설사면에 커다란 상처를 낸
수만 년 전부터 지금까지 견뎌온,
가늠할 수 없는 앞으로 가야 할
시간,
그 사이에 벌어진 사고(事故).

---

* 크레바스(crevasse)란 빙하가 갈라져서 생긴 좁고 깊은 틈을 말한다. 크레바스는 좁은 곡지를 흐르던 빙하가 넓은 장소로 나가는 곳이나, 곡류하는 지점을 만나게 되면 그 지역을 중심으로 집중적으로 생성된다.

비박*

—안데스 28

숲을 뒤흔드는 바람이 비질하듯 내 볼을 쓸고 간다. 바위 바닥을 만지작거리며 흘러내리던 계곡의 물소리, 어둠이 깊어지자 온 숲을 다 파내어 가려는 듯 아우성치며 내 귀를 잡아 뜯는다. 견디지 못하고 랜턴을 켠다. 겨드랑이를 허옇게 드러낸 나뭇가지들이 덤벼들어 나를 덥석 끌어안는다. 가지 끝에 나뭇잎들은 피곤한 나를 더듬어 깨워 앉히고, 바람은 어느 틈에 턱 아래 내 목을 다시 감아 잡는다. 나는 두려움에게 멱살 잡힌 채 새벽까지 잠들지 못한다.

어렵게 짙푸른 여명의 틈이 어둠을 들추기 시작한다. 그러나 아직 숲은, 계곡은, 너무 어둡다. 내 옆에 밤새 시달린 새벽이 계곡 아래로 떨어질듯 위험스럽게 졸고 있다. 나는 다시 짧게 토막 낸 매트리스 조각에 어깨와 엉덩이를 맞추어보려 무릎을 오그려 누워본다. 깜빡, 졸음이 저 계곡 아래로 떨어지며 눈을 뜬다.

---

*비박(Biwak): 등반 도중 예상치 못한 사태가 일어났을 때 텐트 없이 바위 아래나, 큰 나무 등을 이용하여 하룻밤을 지새우는 일. 우리말로 한뎃잠 또는 노숙(露宿)이라 할 수 있다.

<< 한이나

충북 청주 출생. 1994년 《현대시학》으로 작품 활동 시작. 시집 『유리자화상』 『첩첩단풍 속』 『능엄경 밖으로 사흘 가출』 『귀여리 시집』 『가끔은 조율이 필요하다』가 있음. 〈한국시문학상〉 〈내륙문학상〉 〈서울문예상 대상〉 수상.

아바나 말레콘

저녁 어스름

멀고 먼 서정의 끄트머리 아바나의 말레콘은 곡선이다

진홍빛 바다가 하염없는 시간,

새들도 바삐 가던 길 날갯짓 멈추고

허공에서 귀 기울이는 재즈 한 자락이 축축하다

초로의 사내들 몇몇 모여 길 위에서 연주하는,

배꼽에서 끌어올리는 그리움은 눈물빛이다

들통 나지 않고 저를 가만 적시는 소리가

말레콘보다 길고 바다보다 깊다

떠나는 마음 슬퍼져, 잠들 수 없다

말레콘 말레콘

쿠바의 그리움이 뼛속 한 그리움에게 다이얼 돌리는, 길 밖

저만큼 〈여우와 까마귀〉 앞 빨간 공중전화 부스 보인다

몬트레이 17마일

내가 꼭 달려보고 싶던 해안도로
몬트레이 17마일,
버스 차창에 기대어 떠나고 있는 풍경들을
내 안에서도 풀어준다
버드락, 론 사이프러스, 페블 비치, 붉은 풍금새
파도에 그려놓는 바람의 무늬도 놓칠세라
수평선의 푸른 모눈종이 눈금 위에
늦은 마음을 풀어놓다

어제보다 나은 하루를 위해
짧고 아쉬운 생의 무대 같은 거리, 매혹의 17마일
딱 그만큼만 되돌아가, 누군들
다시 피어나는 걸음이고 싶지 않겠나

편대를 이루며 태평양 바다 위를 날아가는
펠리컨 여섯 마리
살아있다는 것은,
몬트레이 17마일만큼 순간에 점을 찍고 지나가는

극약 같은, 지독한 아름다움이라네

그런 환한 목숨이라네

헛꽃

두문불출 틀어박혀 내 몸 안팎에서 일어나는
숨김과 드러남의 농담(濃淡)
그 밝음과 어둠을 생각하는 일

보이는 몸의 무늬를 감추고
속마음을 울려 소리를 내는 일
내 안의 짐승,
어리석음의 무량무위 그 경계를 넘지 못해

청보라 수국 같은 헛꽃의 한 생애였으리

반그늘에서 뿌리를 깊게 내리지 못하고
막무가내 가짜 꽃잎에 숨어

더는 대놓고 들이대지도 못하는
수국 그 작은 본래의, 은밀한 꽃 너는

동백의 시간

시간과 공간을 초월한
초시간성의 집
동백 꽃잎 허공에 몸 던지다

나를 바라보란다
몸통의 속창 다 빼버리고
이 동리 저 동리로 허송하다가
동백의 꽃방에 들어앉아
두문불출 면벽 백일, 내 속의
마음 하나
점 찍어 보란다

색깔도칠해지지않는있다가없는흑이백인아픔이웃음인

겁외사 동백꽃만 저 혼자 환한 초겨울
그것들의 말씀에 귀 대고
가만히 서 있다

돌 거울

돌로 만든 거울에 내 마음을 비춰 보았다
돌로 만든 거울에 네 마음을 비춰 보았다

돌 거울을 자꾸 들여다보면
몸의 나쁜 기운 다 빠져나가고
내가 아닌 내가 보였다
네가 아닌 네가 보였다
혈이 보였다

별빛 햇살 바람 이끼가 뭉쳐 있는 자리
먼지와 비와 우레도 몇 핏줄에 들어 있는
수수억 광년
땅과 나무와 꽃의 기운을 온몸에 받아들인 돌

나를 재생했다 차가운 돌 거울에
이마를 기대고
하늘의 맑은 기를 흠뻑 들이마셨다

돌 거울에 마음을 비춰 보니 내가 없었다

돌이 된 별, 꽃무리인 듯 네가 반짝였다

걷는 독서

바람이 부드러운 해거름 무렵

나는 걷는 독서를 한다
히잡을 쓴 열다섯 살 소녀 누비아가 되어

당나귀에게 풀을 먹이며
밀밭 사이로 얇고 깊게 스며든다

낭송하는 소리들이 경치를 이룬다
흙의 향기와 밀의 수런거림과 새의 지저귐이

책에서 줄맞춰 뛰어나온다
하루의 끝을 짚으며

나를 밀어내고 들어앉은 남이 나로 바뀔 때까지
무거운 책 속의 다른 길을

걷고 또 걷는다

내 몸의 아픔도 잊고 밀밭 사이로 걷는 독서,

나는 나다
저 진흙 세상에서 마악 빠져나온,

---

*박노해의 사진전을 보고.

파릉의 취모검

칼날 위에 머리카락을 올려놓고
입으로 불면 끊어지는
취모검, 칼 한 자루 생각한다
잡풀 무성한 마음까지도 쓰윽 슥
단칼에 벨 수 있는
이를테면 사람을, 세상을 살리는
활인검

쇳물이 되었다가 뜨겁게 열 가한 칼날이
도라지꽃으로 푸른빛을 띨 때
때려 펴고 갈아주길 무수히 반복하면
고통의 한가운데
녹슬지 않는 금강의 시간들

언젠가의 생애에 내 한 번은
대장장이 곳집의 칼이었을지도
길이 1미터 넘는, 날카롭게 날이 선
칼의 잔혹한 말을 견디며

더 나은 삶을 위해 바치는 또 다른 눈부심
기묘한 아름다움의 칼들
제 마음을 무수히 베이고서야 한 마음을 얻는 칼자국들

속이 하얗게 빛나는 잘 벼린 칼의 날을 맨손으로 짚고
고요히 목숨을 건너는 하루,

나는 나를 잊는다

도라지 佛

그리움을 심었더니 피어난 도라지꽃
보라색 흰색의 빛깔들
우렛소리 몇 건너와 삼킨 울음, 속 끓였던
곡진한 슬픔이 맑게 피어났다
북한강 자투리 밭의 풍경이 된 그는
향기를 뿌리지 않는다
작은 소리도 내지 않는다
서너 됫박의 비련을 안으로 감추고
바닥에 내려놓을 줄도 안다
기다림을 심었더니 몰래 피어난 도라지꽃
먼 데 풍경 소리에 실려 오는 원각경 독경
들으며 실눈을 뜨고, 강물에
뒤척이는 적막 소리 엿듣는다

<< 고영섭

경북 상주 출생. 1999년 《문학과창작》 등단. 시집 『몸이라는 화두』 『흐르는 물의 선정』 『황금똥에 대한 삼매』 『바람과 달빛 아래 흘러간 시』 『사랑의 지도』, 평론집 『한 젊은 문학자의 초상』, 저서 『삼국유사 인문학 유행』 등 다수. 〈현대향가〉 동인. 〈현대불교문학상〉 〈시와세계 평론상〉 〈한국시문학상〉 수상. 현재 동국대 불교학과 교수.

나는 쓴다 고로 나는 존재한다

붙들리고 잡혀 있는 나의 일상을
훌훌 벗어던지고 길 떠나보라
망설이며 쭈뼛대던 이전의 나와
막 돌아온 이후의 나가 다른 것은

내 눈 귀에 스쳐간 저 두두물물들
내 코 혀에 닿아간 저 삼라만상들
내 몸각과 생각을 투과한 저들이
내게 던진 영상의 언어를 적을 때

기억이 남겨놓은 사건의 뼈대
기록이 전해주는 향기와 온기
큰 쇳덩이 갈아서 바늘 만들듯
나는 쓴다 고로 나는 존재한다며
직립보행 루시*가 쓴 도저한 기록!

떠나기 전의 나와 돌아온 내가
무엇이 달라도 분명히 다르듯

분별이 있으므로 오염이 있듯

또렷한 기억 넘는 희미한 기록.

---

*1974년 아프리카 에티오피아에서 발굴된 소녀의 이름. 320만 년 전 최초로 직립보행 했던 뼈의 주인공인 그녀의 뇌는 자몽 한 알 크기 정도로 작았고, 골반과 다리뼈의 모습은 침팬지 등과 달리 두 다리로 서서 곧게 걸었음을 증명하고 있다. 이 뼈 화석의 발견으로 사람을 사람이게 한 첫 번째 특징은 두뇌 용량이 아니라 직립보행임이 명확히 밝혀졌다.

물

평소에는 집 한 채를 먹여 살리고

배 한 채를 그득히 채워주지만

불의를 만나면 바람을 불러

바닥에서 꿈틀대며 물결을 내지

순식간에 어깨를 동무하면서

집 한 채와 배 한 채를 먹어버리며

뿌리째 뒤흔드는 도저한 지진

용암처럼 분출하는 뜨거운 불꽃

아, 바위를 잘라내는 칼 같은 그대

나와 너를 길러내는 피 같은 그대.

묘미
—살맛

그때 좀 더 마음 줄 걸 그랬어요

그때 보다 잘 해줄 걸 그랬어요

저 강물이 흐른 뒤의 길고 긴 탄식

아, 그때를 모르는 게 인생의 살맛.

길
—사랑의 지도

눈앞에 셀 수 없이 널린 길들도
내 정작 마음먹고 나가려 할 땐
너댓 길 서너 길 두어 길 되다
한 길로 줄어들기 마련이듯이

지상에서 제일로 부지런한 건
나의 손과 또 나의 발이라지만
머리에서 가슴으로 못 옮기고선
가슴에서 발끝으로 못 이르고선

세상에서 제일로 머나먼 길은
머리에서 발끝까지 나아가는 길
발끝에서 온몸으로 못 나가고선
마지막엔 자기조차 못 버리고선

눈앞에 널려 있는 길들 중에서
마음 둘 수 있는 길은 어디에 있나
지상 위에 남겨진 오직 한 길은
내 온몸을 던져서 열어가는 길.

벚꽃 사리

겨우내 풍찬노숙(風餐露宿) 이겨내면서

무쇠 씹는 마음으로 들었던 화두

맛이 없는 참맛을 음미하면서

거세게 몰아치던 내면 속의 힘

화두 그 끝자락의 벼랑 끝에서

천지간에 터트린 벚꽃 『화엄경』

그 끝에서 솟아오른 버찌 사리들

나는 오늘 벚꽃 터널 속을 걸으며

떨어지는 꽃잎 뒤의 선경(禪經)을 보네

꽃잎 너머 올라오는 새싹을 보네.

뿐

—포정(庖丁)*의 몰입

내 몸이 모르는 일을 나는 했네
난타의 박자처럼 춤추는 팔짓
이것은 기술을 넘어서는 것
내가 따르는 것은 다만 도(道)일 뿐

머리를 올릴 때 보이던 소는
삼 년이 지나자 보이지 않았네
이제는 정신으로 소를 대할 뿐
내게는 뼈들 사이의 결만 보이네

내 감각은 모두 쉬고 팔만 저절로
하늘이 낸 결들 따라 춤사위 추며
나는 단지 결 사이에 칼을 댈 뿐
정신이 가는 대로 다만 움직일 뿐!

내 몸이 모르는 일을 나는 또 했네
난 문혜왕을 위해서 춤을 췄지만
그대는 내 움직임을 볼 수 없었을 뿐
내 몸의 일부 같지 않은 오른팔.

*포정해우(庖丁解牛): 푸줏간의 백정으로 일하던 포정이 문혜왕(文惠王)을 위해 소를 잡았다. 그런데 그 모습이 마치 음악에 맞춰 춤을 추는 것 같았다. 이를 본 문혜왕이 감탄하며 어떻게 그런 경지에 올랐는지 묻자 포정이 무아지경의 상태에서 소를 잡는 것에 대해 해명했다. 이것을 장자(莊子)가 고사에 담았다.

원효로에서 원효를 만나다
—서울의 원효기행

흰 소를 타고서 흰 소를 찾듯
원효로에 나아가 원효를 찾네
그가 남긴 자취는 이미 없지만
보고 듣고 싶은 것만 남아 있었네

그의 이름 빌려 내건 원효로성당
그의 명명 빌려 붙인 원효초등학교
그의 정체 빌려 걸은 원효아파트
그의 법명 빌려 세운 원효대교엔

그의 자취 휘발되어 공기가 되고
그의 흔적 날아가서 구름이 되고
그의 신발 지워져서 허공이 되고
그의 걸음 사라져서 꽃이 되었네

흰 소를 타고서 흰 소를 보듯
원효로에 나아가 나를 보았네
내 안의 새벽 원효 깨어서 있고
내 밖의 한낮 저녁 깨어서 있네.

*2014년 10월 25일 오전 8시 반부터 저녁 9시까지 나는 동국대학교 한국불교사연구소 〈제26차 한국사상사 관련 한국불교사 기행〉 참여 일행을 이끌고 서울시 용산구에 자리한 효창공원 안팎의 원효대사상, 원효사와 원효로 일대의 원효로성당, 원동교회, 효동교회, 원효로 시장, 원효대교 등 원효를 명명한 여러 현장 유적들을 답사하면서 우리 속에 살아있는 원효를 만났다.

일연의 독백
—『삼국유사』 서시

역사는 흘러가는 물결 아니네
그렇다고 쏟아내는 말들도 아냐
더욱이 저 승자들의 기록 아니라
이 힘없는 백성들의 기억들일 뿐

즈믄 해를 뛰어넘어 남아 있는 건
구중궁궐 부귀영화 바이 아니네
날 진실을 알고 싶은 것이 아니라
다들 듣고 싶은 것만 듣는 것일 뿐

난 저들의 숨소리 또 기침 소리
비통과 울음 또 피눈물까지
갈필로 대신해서 적은 것일 뿐
날 언어로 타지 않는 탑을 쌓았을 뿐!

살아있는 것은 글을 쓰는 것이듯
숨을 뱉고 들이쉬는 이 한순간도
나는 쓴다 고로 나는 존재한다며
불타지 않는 탑을 쌓아 올렸네.

<< 김성오

전남 여수 출생. 1995년 《현대시》 등단. 시집 『6인합동시집』 『시하고 나하고』 등이 있음.

출산

이윽고 아내가 열리고
나는 조심조심 꺼내었다
일출에 물든 구름이 함께 딸려 나왔다
붉은 수평선도 함께 딸려 나왔다
몹시 뜨거웠지만
잘 사려서 포대기에 함께 내려놓았다
출근길, 풀잎에 맺힌 이슬……
이런 것들은 꺼내지 않았다 그대로 두었었다.

그때가 언젠데……
아직도 펼쳐보지 못한 이 이른 아침 새소리
그때 하마터면 꺼내지 못했을
꼬깃꼬깃 접혀져 아내의 바닥에 숨어 있었던.

아,
아내는 아직까지 열려 있었구나
이렇게 추운 세상에 여태껏
자식도 남편도 자신도 닫지 못하였구나

마냥 열려 있었구나, 한데였었구나
아침에 딸년이 자식을 낳았다는데.

촛불집회

어둠이 등불을 낳고 있다
가로등 네온등 조명등…… 저 어둠의 자식들
등불은 어둠의 유전자를 지니고 있다
촛불집회가 있는 날에는
어둠보다 먼저 등불이 찾아왔다
먼저 든 등불 앞에서 나는 어두워진다
비로소 내게서도 등불이 켜진다

촛불집회를 마치고 귀가하는 새벽이면
밤새 기다리고 서 있는 가로등들
새벽 귀갓길엔 길 위에 쓰러져 있는 어둠을 만난다
누가 먼저랄 것 없이 서로 기대는
새벽 귀갓길에서의 만남
기댈수록 환한 어둠, 기댈수록 어둔 등불
짐짓, 새벽이 깊어서 별은 지고 날이 밝아
가로등불 꺼지면 이미 어둠도 다 꺼지고
혼자 남아 집 앞에 이르니 기어이 일출이다
누가 낳은 등불인가 저 해는.

동충하초

함께 있어도 헤어져 있는 저것들은

한 몸이 되고서도 서로를 기다리고 있구나

동전의 양면은 어디에서 서로 만날런가.

당신은 떠나고 나는 남아서 당신을 만나던 그 허허벌판의 폭설. 당신은 남고 나는 떠나서 당신을 만나던 비 내리는 산정의 그 고사목. 헤어지는 것이 만나는 것이고 만나는 것이 헤어지는 것이었던 음지의 동그란 그리움들.

사랑?

그것은 너무 많아서 셀 수가 없는 하나.

헤어져서 함께하는 제 몸속에서 서로를 찾아낸 이별들, 벌레와 풀, 종은 달라도 사랑은 같은 것, 너무 많아서 셀 수가 없는 하나가 되어 겨울과 여름이 만나고 있다.

나는 가고 당신은 남아서 나를 지키고 있는

이 겨울의 텅 빈 백사장.

당신은 가고 나는 남아서 당신을 지키고 있는

이 여름의 플라타너스 나무 한 잎.

가을 문자

"기다리지 마라,
언제 우리가 만나기나 하였더냐."

"기다리고 있다.
우리, 이미 헤어졌는데 또 헤어질 수야 있느냐."

이렇게 이삭들은 익어가고

그렇게 가을도 깊어가고.

<< 김영교

충북 충주 출생. 1998년 《문학과창작》 등단. 시집 『은빛 망치의 노래』 『꼭지, 그 아름다운』이 있음.

내 귓속을 들여다봐

바람개비 사탕처럼 생긴 내 귓속을 들여다봐 소용돌이치며 빠져버린 소리의 동굴 벽화 연골(軟骨)로 그려진 뭉크의 절규를 들으며 모진 말을 한 적은 없었는지 생각해봐 말로 인한 상처는 쉽게 덧나는 법 설령 아물었다 해도 그 흔적은 남는

내 귓불도 한번 만져봐 풍경(風磬)처럼 흔들리는 살점을 눌러봐 누군가를 미워했던 가시들이 묻혀 잠든 곳 건드리면 다시 아파오는 동그란 무덤을 열어봐 그러면 달빛 아래 귀머거리 붕대를 감은 사내, 테오에게 편지를 쓰다 잠든 고흐, 달팽이처럼

이제 머리칼을 쓸어 넘기고 손나팔을 만들어봐 임금님 귀 당나귀를 타고, 파문(波紋) 같은 귓바퀴를 돌며 노래를 불러봐 꼭 하고 싶은 말 숨길 수 없는 말 참을 수 없는 혀로 내 고막을 적셔봐 가능하다면 달콤한 바람이 부는 그런 날이면 좋은

수련(睡蓮)

수련꽃 지는 것을
본 사람이 없다고 합니다
삼사 일 꽃피우고 나면
꽃봉오리 오므린 채
물속으로 가라앉기 때문입니다

아름답게 꽃피운 것만큼
질 때 또한 아름답게 지는 사람이
기억에 오래 남는 법입니다

꽃잎 떨어진다 요란 떨던
지난 봄날의 죄(罪)스러움
정갈하게 자리 내준
수련(睡蓮)이 잠들면 이제 가을입니다

호모 파베르(Homo Faber)

손을 사용하고부터
나는 돈을 세기 시작했다

돈을 세면서
스스로를 지킨다는 명목으로
누군가를 해(害)하기 위한
도구 만드는 데 몰두했다

그리고 그 손으로 나는
하루에도 몇 번씩
똥구멍을 닦거나 성기를 털며
냄새 나지 않을까 걱정했다

손을 사용하고부터 나는
도무지 깨끗하게 살 수 없었다

동백꽃 울어

땅으로 곤두박질쳐야
비로소
완성되는 아름다움

이승에서 입 맞추다
저승에서도
눈감지 못하는 사랑이여

절정의 순간
기꺼이 몸 던지는 처연함
흐트러짐 하나 없는
곡(哭)

꽃차를 마시는 오후

이제 막 피어나려는
꽃봉오리를 죄(罪)다 비틀어 땁니다

불에 덖고 말리기를 몇 번
꽃향기 가두어 유리병에 담습니다

뜨거운 찻물 속에서
꽃피운 봉오리들
비로소 꽃향기 알싸합니다

꽃차를 아무리 마셔도
꽃이 되지 못하는 죄(罪) 많은 몸
불경(不敬)스러운 오후

코닥 필름

어느 여름 장대비가 퍼붓는 오후였습니다 엄마는 여상(女商)에 다니는 누나에게 우산 좀 갖다 주라 했습니다 나는 펄렁거리는 비닐우산을 쓰고 누나 학교로 달려갔습니다 이미 반쯤 젖은 채 비를 맞고 오는 누나에게 우산을 내밀었습니다 "말라꼬 왔나?" 누나는 엄마가 아끼는 분홍 양산을 마지못해 펼치며 말했습니다 지난 봄날 살구꽃 필 때처럼 누나 주변이 잠시 환해진 것 같았습니다

집에 갈 때까지 누나는 몇 번이나 걸음을 멈추었습니다 누나는 책가방을 종아리 사이에 낀 채 젖은 교복 상의를 손으로 떼며 "이래 억쑤로 오는데 말라꼬……"라며 자꾸 말했습니다 그때마다 내 얇은 비닐우산 주변에는 누나의 살구꽃 향기가 찰방거리며 맴돌았습니다 '누가 오고 싶어 왔나' 나는 소리를 빽 지르려다 그냥 살구꽃 냄새보다 조금 앞서 걷는 듯 뛰는 듯했습니다

아메리카노

어쩌면 이 세상은
달콤하기보다 씁쓸한 곳
견고한 외로움과
타버린 사랑을 조금씩
갈아 마시는 곳 맛있게
혀를 데일 정도로 뜨겁게

어쩌면 저 세상도
빛 한 점 없이 깜깜한 곳
숯검정 묻은 얼음을
천천히 녹여 먹는 곳
희석된 그리움을 마구
흔들어보는 곳 어지럽게

익숙하지 않음에
한 모금씩 익숙해지는 곳
門을 열고 들어가
크게 한번 호명해보고 싶은

원두빛 사랑과 아직
녹지 않은 내 그리움을

겨울 벌교

겨울 벌교(筏橋)에 가면
강들이 마지막 허물을 벗고
쉽게 낫지 않을 듯한 슬픔도
뻘 속으로 풀어집니다
바다로 나가지도 않고
뭍으로 더 이상 들어오지 않은 채
부드러운 뻘에 결박당한
갈매기들의 묵상(默想)

시침질을 하듯 밀물이
널배를 앞세우며 들어오고
널배 위에 쌓인 꼬막들이
마른 바람에 몸을 뒤척입니다
한 집 건너 한 집마다
견고한 외로움을 해감하는
겨울 벌교(筏橋)에 오면
덧나기만 하는 슬픔도 뻘에 묻혀
짭차르하니 삭혀지고 맙니다

<< 박수빈

전남 광주 출생. 2004년 시집 『달콤한 독』으로 작품 활동 시작. 시집 『청동울음』, 평론집 『스프링 시학』이 있음. 현 상명대 강사.

화이트와인

치마 속에 색을 잃은 달빛이 가득하다
사춘기부터 달마다 붉다가 사라지는 감정
정녕 색이 아니면 나타날 수 없는 궁극의 빛깔
목을 빼고서 시간의 흐름을 주억거리면
가려운 뱀의 진물이 얼룩진다
짓무른 과육처럼 끈적거리는 날씨를 지나
허공의 빛줄기를 수혈한다
뒤척이는 저 너머
꿈의 창백한 여자가 다른 몸으로 다가온다
송글거리던 숨이 가라앉는다
엉덩이는 어떻게 그윽해지나
제 몸에 그믐을 새긴 동굴
스며드는 바람소리
뜨거움과 질척임을 지나
안에 두고도 아직 다 태어나지 못한
혀만 남고 다 녹아버리는 시간
시간들

팥빙수

소복한 가슴 검붉은 젖꽃판

날아가라, 상념이여, 금빛 날개를 타고*

중독성 마녀사냥
살이 찢긴다
무덤을 삼킨다

짓밟을수록 죄가 살고
짓밟힐수록 살맛이 난다

상처 없이 꽃을 잉태하고 노래할 수 있을까
날개 돋친 새의 지저귐도 절정의 사마귀를 삼킨 입술

어디선가 히브리 노예들의 합창이 들려온다

---

*베르디 오페라 〈나부코〉 중에서.

피아노방울

하늘은 얼마나 많은 피아노들을 품었을까

흑백의 세상에 건반들이 떨어진다
대지 속으로 스며드는 피아노의 얼룩들

당신은 내가 허방에 빠질 때
신발이 벗겨질 때
들려오는 달무리 소나타

흰 팔의 들려오는 끓는 소리들
당신이 나를 뒤로할 때
현기증은 내가 겪는 공중

타버린 심지처럼 헐벗은 나무들이 휘휘거리고
새어나오는 바람소리
뼈를 부딪는 소리들

급히 페달을 밟는다

내 가슴에 젖은 물빛 출렁이다가
스윽 반올림 반내림
내 삶의 악상들

살 빠진 빗으로 나는 머리카락을 빗어 넘긴다

도마뱀

스마트폰을 끊,으,며, 철수와 영희들을 끊,으,며, 만약이라는 약을 끊,으,며, 중독성 이별을 끊,으,며, 지는 목련 꽃그늘을 끊,으,며, 칙칙한 칡넝쿨을 끊,으,며, 좌파 우파 군이 양,파를 끊,으,며, 한밤중에 벌떡 일어나 달려갈 것 같은 바다로 가는 기차를 끊,으,며, 세상의 평행선들을 끊,으,며, 물거품 같은 나를 끊,으,며, 입술이 바짝 마르는 집착을 끊,으,며, 독화살 박힌 혀를 끊,으,며,

그림자는 두께가 없어
우리의 대화는 허물을 벗을까

시간의 무늬들이 안,절,부,절,
물고기처럼 지느러미를 파닥인다

닿을 수 없는 거리
여진의 통증들

여여(如如)

폐사지에 발을 들이는 순간 내가 없어진다 폐허가 나답다

물안개가 피어오르다 말다 인적이 보이다 말다 바람소리 물소리 들리다 말다

저 너머로 미끄러지는 새, 하늘의 경계는 어디일까

자리를 잃고 두리번거리는 기둥과 서까래들 누가 다시 나를 일으켜 세울지

젊은 날 내 안에서 울던 목어 소리 범종 소리 들리지 않고

팔작지붕 그림자 아래 당간지주는 등을 웅크리고

텅 빈 몸에 산까마귀 울음만 가득

49) 위의 책, pp.50~53.

표절인지도 모르는 나는
왜곡인지도 모르는 나는

줄이 그어진 위로 무대가 펼쳐지지만 객석
하단에 갇혀 많은 이들이 나를 지나친다
몸이 작으므로 상대적으로 작은 사랑의 최면
눈과 귀와 가슴이 괄호 속으로 들어간다

늘어나는 복문과 비문들이 추수의 들녘이다
땀을 흘리는 주어는 생략되거나
악수 한번 호명 한번 없이 징검다리를 놓치기도 한다

막이 바뀌었나 두리번거리면
골목이 많은 행간
통조림 냄새가 난다
지나가는 행인들이 소품처럼 퇴장한다

대사 없이 사라지는 발목 부은 저녁과

잠을 설치는 나이의 복선

신발을 고쳐 신는데
놓친 모자를 붙잡으려는데
나를 애써 읽으려는 바람

보도블록 틈새 질경이풀이 자라고 있다

The winner takes it all

칸나와 맨드라미가 주먹을 불끈 쥐고 있다 서로 노려보는 사이 사람들이 모여든다 무너진 축대 옆에 잡초는 우거지고 말복이 합세를 한다

칸나가 긴 팔을 뻗어 펀치를 날린다 쓰러지는 맨드라미, 귀때기가 붉게 엉겨 문드러져 있다

후덥지근한 바람이 철썩 달라붙는다 두 눈을 희번덕거린다 다리까지 피가 흐르고 분노지수만큼 돌격 앞으로

작은 몸에 언제 뜨거운 시간들을 새겼나 맨드라미에게 인내는 마른걸레를 비틀듯 가슴을 쥐어짜는 것, 몸을 휘청이며 밥주걱처럼 내리친다 걷어찬 살이 이렇게 찰질 줄이야, 근육이 드러날 정도로 핏물이 튄다

글러브를 끼지 않고 로프도 치지 않은 JS 관리 프로젝트 현수막이 펄럭인다

덤프트럭 소리 포클레인 자국, 흙이 날린다

평화는 녹다운되었을 때만 온다 맨드라미가 바람을 가르며 어퍼컷을 날린다

질문의 도서관

칸칸마다 합장하듯이 서 있는 책을 펼치자
주르르 흐르는 손금의 문장들
내 천(川)인가 갈 지(之)인가
어느 여울목에서 당신과 합수를 이루고
흘러가는 구름을 사랑하고 말았다
당신이라는 주어의 문장에 밑줄 긋는 마음
코를 박으며 빛나리라 여기던 꿈의 이마
활자들이 물 위를 떠돈다
구름은 구름이라서 구름처럼 사라지고
순간은 순간이라서 순식간에 살아난다
구름의 은유 속 아득한 너와 나
우리는 서서히 낡아가는 기도문
꽂혀 있는 구름을 다시 집어든다
생은 어느새 행간 밖
나는 외출에서 돌아오지 못하는 사서(司書)
숨어들은 말줄임표를 낳고
접힌 귀는 스스로 펴지지 않는데
내 가슴만 한 페이지를 넘기기에 백년이 채 안 걸린다

<<

서주석

충북 청주 출생. 시인. 시치료 전문가. 현재 경기대학교 대체의학 대학원 문학치료학과 외래교수. 시집 『내 친구 두두물물』 『시가 나를 만든다』 『라파트리』, 번역시집 『The egg of a Lacewing』, 저서 『심우도와 시치료』가 있음. 〈한국시문학상〉 수상.

힐링꽃

누군가 말했지요, 문학은
깊은 산 덤불 속 산삼이라구요
한 방울의 삼액이
서사로 서정으로
잠언으로 치유꽃을 피우며
온 마음 던져 열어가는 길

그 길에서 만난 시가
뭐냐고 묻기에 흰솔나리꽃이라 했지요
은유와 상징으로
초월 은유로 경계를 허물고
모순과 역설의 반상합도로
온 가슴 던져 열어가는 길

가슴에서 발끝으로 발톱에서 온몸으로
내 안의 신(神)을 향해
치유꽃, 구도꽃을 피우며
온몸 던져 열어가는 길

약이 되는 산삼을 키워
진액을 나누어 마시는 둥지라구요

꿈의 꽃

우리의 꿈은
지금 어디에 있을까요?
하늘에 있을까요
구름 속에 있을까요
아직 우리의 잠 속에 있을까요
내 어깨의 꿈과 손끝의 꿈
발바닥과 뇌 속의 꿈들
내 척추를 통해 흐르는
호흡의 꿈들은 나에게
어떤 이야기를 하고 있을까요

지금 여기, 내 손바닥 위
그 꿈들을 만지고 느끼고 싶어요
저 문을 활짝 열고 힘찬
꿈의 날갯짓을 바라보고 싶어요
육백오십 개의 근육들
일조 개의 세포 속에 심어
가장 나다운 꽃으로 피어날 수 있게

이 봄이 가기 전, 어서
꿈의 꽃을 심어야겠어요

비움꽃

"미야꼬 와쓰레"

아끼다의 료깐은
도시를 탈출하란다
강 물결 위로 번지는
물안개 솜털 만져보고
밤 매화 꽃잎 속
눈부신 화광도 바라보란다

고모레비꽃 방을 넘어
삼나무 숲 비밀스레 번지는
햇살을 저고리 깃 삼아
맨살 보듬어대는
노천탕으로 달려오란다

하나아끼리꽃 방
가득 차오른 별빛 달빛,
수줍은 접시꽃도 모셔와

차를 달여 대접하니
찻잔 속 여여히 차오르는

비움꽃 한 송이

화의 꽃

혈관을 타고 솟구친다

검붉은 호르몬의 반란은
허기와 냉기를 숨기고
피의 행진을 거슬러
아드레날린을 뿌려댄다

사랑에 배고픈 아이
자유에 목마른 아이
인정에 허기진 아이

말없이 우는 아이를 불러
눈물의 염도와
소리의 질감을 살펴본다

들숨으로 허기를 달래고
날숨으로 냉기를 몰아낸다
마음의 스킨십으로

토닥이며 얻은 세로토닌 한 줌

혈관 속
화의 꽃 한 송이
몰록, 피어난다

가래토시꽃

그녀의 둥지에
탁구공만 한 가래톳이
똬리를 틀고 있다
도려낼지 가려낼지 연구 중
하얀 가운자락 틈을 비집고
까만 눈동자 굴리는
아이의 얼굴이 보인다
불안과 슬픔이 낳고
근육과 호흡이 길러낸
볼거리, 나의 가래토시야

상처는 신(神)이 깃드는 곳
내면의 아이를 품는 둥지란다
분노와 공포가 낳고
뼈와 핏줄이 길러낸
나의 몸 나의 분신
내가 너를 보고 있고
네가 나를 들으니

아픈 상처의 둥지에
치유꽃 만발하겠네

알몸꽃

내 마음 어딘가
언제나 펼쳐 감상할 수 있는
산수화 한 점 들여놓았네

후쿠오카 히사야마 온천
매화꽃 향기 타고
눈가로 스며든 살빛 형상들
노천풍궁 동굴 입구
매화 나뭇가지 한 가닥
붓 끝에 아른거리고
가슴털 고운 새 한 마리
은빛 상념에 젖어 있다
오래된 정원 오솔길 따라
님을 찾아 내려온
알몸의 여인들 둘러앉아
꽃담 나누며 향기 건네며
서로의 등을 토닥이고 있네

\>

기억의 방문 열 때마다
그림 속에서 피어오르는
알몸꽃 한 송이

와선꽃

수면으로 올라오는 작은 물거미
공기방울 삼킨 거미 등이
맑은 혹처럼 부풀어 오른다
수초 사이로 쉬지 않고
공기방울을 나르는 물거미
못질하지 않고 창을 내지 않고도
물의 숲에 완성된 동그란 집

이마의 땀을 훔치며
몸을 밀어 넣는 물거미
수초 한 홉 물결 두 홉
버무려 차린 축복의 상
먼 길 걸어와 다리 아픈
별빛 달빛 모여 밥을 먹는다

커튼 없고 침대 없어도 아늑한 물의 집
하늘 한 자락 등에 깔고
물 이불 몸에 두른 물거미

비스듬히 팔을 베고 눕는다
물의 음악 듣는 그의 입가
와선꽃 한 송이 피어오른다

눈물꽃

벚꽃이 눈부신 봄날
마로니에 공원 뜰 안
노숙자들에게 밥을 퍼 줍니다
밥 두 주걱에 닭개장 한 사발
김치 두어 쪽입니다

벚꽃잎들이 후르륵
국그릇 속으로 날아듭니다
햇살도 한 줌 사르륵
숟가락 사이로 들어옵니다
비둘기 한 마리 포르륵
밥솥 밑으로 걸어옵니다

뜨거운 김으로
눈물범벅이 된 국그릇
벚꽃 국물 넘실대는 봄날
연분홍 눈물꽃을 피워냅니다

<< 오석륜

충북 단양에서 태어나 대구에서 성장. 시인 겸 번역문학가. 칼럼니스트. 2009년《문학나무》등단. 현재 인덕대학교 일본어과 교수. 한국연구재단 학술지 전문평가단 평가위원. 저서 및 역서로『미디어 문화와 상호 이미지 형성』(일본어판, 공저)『일본어 번역 실무 연습』『일본 하이쿠 선집』『풀 베개』등 30여 권이 있음.

여우비

한여름 더위가
어느 정도인지를 모르고 왔다가
그 기운이 전혀 식을 기미가 없다는 것을 알아채고는
지상에 제 몸만 살짝 적시고 가는
여우비

그 여우비를 피해
잠깐 동안 내 옆에 머물렀던
그녀가
마치 여우비처럼 몸을 살짝 스치고만 갔는데

내 몸은 그만
흠뻑 젖어버렸습니다

식구

끼니 거른 월세를 재촉 받을 때마다
문틈으로 새어나가는 집안의 허기를
온몸으로 가려주던
담쟁이넝쿨,

우리 집 식구라도 된 듯
악착같이 매달려
몇 해를 같이 살았습니다.

산속의 가뭄을 옮겨 적다

아래쪽으로 씩씩하게 뜀박질하던 물소리가
군데군데 튀어나온 돌부리에 걸려 종종걸음이다.
몇 달 동안 끼니를 잇지 못한 물의 뼈대가 앙상하다.
이리저리 길을 찾아다니며 조잘대던 물이
실어증에 걸린 것을 알아차린 맷새들,
떼로 모여들어 수다를 떤다.
물의 기억을 되살려야 한다며
물의 책임을 일깨워야 한다며
기우제의 필요성을 토론하고 있지만 한숨만 비행 중이다.
조금만 더 버텨보자며
뿌리의 근육을 무시로 어루만지는 원추리 몇 송이에게도
물은 이제 이웃이 아니다.
옥죄는 고갈의 그림자만 가까워지고 있다.
가끔씩 갈증을 풀어주던 바람의 천성도 감각을 상실했고
산속의 절규를 듣지 못하는 난청까지 겹쳤다.
다만, 여기저기 돌아다니며 언제 비가 오는지를 물어보던
청설모 몇 마리가 툭툭,
물살을 건드릴 즈음에야 겨우 미동으로 반응하는 물,

안부를 물어준 것이 고마웠을까
엷은 미소 몇 개를 제 낯에 띄워놓는다.

단칸방

세상에서 가장 뜨거운 곳이었다.

일터에서 돌아온 식구들은
밤마다 스스로가 하루하루 만들어온 이야기만으로 이부자리를 깔았다.
우리들의 지친 호흡만으로도 뜨거웠기에 빈 공간은 없었지만
겨울밤이면 약속처럼 문틈 사이로 비집고 들어온
북풍은 머리맡에 둔 걸레가 다 받아들였고,
아침이 되어도 꽁꽁 언 채로 풀리지 않았다.
좀처럼 물러가지 않았던 가난을 풀어주려고
가끔씩 달빛이 방문 앞까지 내려왔지만
식구들의 신발 속만 덥혀주고 갔고
아버지는 그런 달빛을 따라 새벽일을 나갔다.
달빛 따라 찾아올 것만 같았던 누이는
몇 개의 소문으로만 다녀갔고
그런 소문도 어쩌다 발목까지 내린 눈이 하얗게 덮어버렸다.
꼭두새벽에 찍어놓은 자신의 발자국이 눈에 덮일 때마다

또 다른 곳으로 날아가는 겨울새는 눈부시도록 아름다웠다.
그들의 뜨거운 비상 같은 것을 꿈꾸었던 나는
몇 년 후, 빠른 등기처럼 월세 삼만 원씩을 꼬박꼬박 배달해주던
단칸방을 떠났지만 아버지도 하늘나라로 먼 길 떠났다.
이 세상에서는 보지 못한 가장 넓고 넓은 곳으로 길 떠났다.

그래도 단칸방은 세상에서 가장 뜨거운 곳이었다.

그리움은 바람의 성질을 갖고 있다

아,
나는 그대가 꽃인 줄 알고
바람으로 다가서기만 했는데

아,
그대는
내가 꽃인 줄 알고
바람으로 서서 맴돌기만 하였구나

강가에서

강이 하루 중에서 가장 외로울 때는
노을이 사라질 때였다

강은
제 몸에서 완전히 빠져나간 해가 그리워
가장 맑고 맑은 발성으로 흘렀다
누군가를 부르는 것 같았다

그 목소리가 하늘까지 전해졌을까
달 하나가 서둘러 나와
해가 빠져나간 바로
그 자리로 찾아 들어가고 있었다

강의 외로움이 조금씩 풀리고 있었다

지옥에서 배달된 그림

둔치 길에
압축기 같은 자전거 바퀴들이
들쥐 한 마리를 꾹꾹 눌러 찍어놓았다
모든 혈관들 이미 굳어져
한 장의 포(脯)가 되어버렸다

바람이 저승길 가냐고 물어볼 때마다
둔치 길에 누웠다가 가끔씩 허공으로
붕, 뜬다
천상의 나들이를 꿈꾸지만

되풀이되는 참혹한 수형(受刑)

하직 인사가 너무 길어져 안타까웠을까
새빨간 장미 꽃잎들이 들쥐에게로
낙화한다
노잣돈처럼 몰려들어
꽃가마 만들어주고

자전거 벨소리도 장송곡처럼 흘러가자

빗방울,
하늘의 뜻을 전하러 온 것인지 한참을 퍼부었고
그러는 동안 들쥐의 주검은
조금씩 살아 움직이고 있었다

단양역에서

뒤돌아보면 정신없이 살아온 것이 어디 나쁜이겠는가. 지천명이 넘어서야 찾아온 나를 큰 소리로 나무라는 기적 소리, 허공에서 눈발의 허벅지를 끌어당기고 있다. 연단조양(鍊丹調陽)*의 뜻을 펼쳤던 신선들과 단양 땅 여기저기에 피어날 눈꽃들도 이제 곧 내 허벅지를 붙들 것처럼 하염없이 눈발이 쌓이고 있다.

그저 그리움만 찾으러 올 거라면 오지도 말라고 꾸짖던 고모도 얼마 전 세상을 뜨시고 이제는 반겨줄 사람 몇 남지도 않았는데, 샛노랗게 뜬 얼굴로 매점을 지키는 귤 몇 개를 씹으며 나는 역을 떠나지 못하고 있다. 자주 오겠다는 약속을 지키지 못했다는 것이 이제와 무슨 소용 있으랴. 눈발처럼 쌓이는 회한을 돌려보내지 못한 채 나는 역 앞에 무수히 찍히고 있는 눈발의 발자국을 바라보고만 있다.

---

*단양(丹陽)이란 지명의 유래가 된 말. 연단은 신선이 먹는 환약이며, 조양은 빛이 골고루 따뜻하게 비춘다는 의미이다.

<< 윤정구

경기 평택 출생. 1994년 《현대시학》 등단. 시집 『눈 속의 푸른 풀밭』 『햇빛의 길을 보았니』 『쥐똥나무가 좋아졌다』 『사과 속의 달빛 여우』, 산문집 『한국 현대 시인을 찾아서』 등이 있음. 대산창작기금, 〈문학과창작 작품상〉 〈수주문학상〉 수상.

복음(福音)

우람한 후박나무 어깨가 움찔한다

후박나무 겨드랑이에서 반짝
새어나오는 초록빛

납골 속
반짝이는 사리처럼
딱딱한 껍질을 뚫고 나오는,
바늘보다 뾰족한
생명의 끝!

몇 겁이나 어둠 속을 헤매었을까

바깥세상으로 기어 나온
갓난 잎새 하나가
응애,
송곳 울음을 터뜨린다

아버지의 아버지

어느 날 마침내 나도 베어졌다
침목이 되어 아버지 옆에 누웠다

아버지 옆에는 아버지의 아버지들이
엮인 굴비 두름처럼 차례로 누워 있었다
아버지를 밟고 달려온 기차는 내가
어찌할 사이도 없이 순식간에 나를 지나쳤다
가뿐 기차의 기적이 사라지면
천지는 다시 적막강산
나는 비에 젖어 투정도 하고
젖은 몸을 햇볕에 말리기도 하면서
어둠 속에 떠오를 맑은 눈빛,
다정한 별을 기다린다
언제까지 이렇게 있어야 하나요?
기차는 어디로 가는 것이지요?

자꾸 질문을 해대는 내 손을
아버지는 말없이 꽉 잡고 있다

점안(點眼)의 시법(詩法)

간혹 인물화에 눈동자를 그려 넣지 않았던 화성(畵聖) 고개지(顧愷之)는 아무리 하찮은 사물에도 다 신이 깃들어 있다고 말했다

그대가 그림을 그리고 시를 쓴다면 사물에 깃든 신을 만나야 한다고 여백은 빈 공간이 아니라 가능성의 힘들이 뭉쳐 있는 유현(幽玄)한 공간이라고

설령 폭포가 떨어지는 깊은 골짜기에 들어갔을 때 가슴이 갑자기 벅차오르고 기가 차오름을 느낀다면 멈추고 서서 폭포의 말에 귀를 기울여라

이우환의 움직이는 점과 마주섰을 때도 마찬가지다 점과 점들이 서로 당기고 밀어내는 균형과 불균형의 접점이 느껴진다면 그것이 바로 신의 숨결 아니겠는가

그대 가슴속 만 가지 느낌과 뜻도 획 하나로 담아낼 수 있다고 그 획 하나에 모든 우주의 기를 모아 정신을 곧바로 하

늘을 향하여 세울 수 있다지만

낙관을 찍어 자신이 점안한 것임을 보증하던 옛사람처럼 시여 내가 눈을 찍어 세상에 내보내어도 여전히 청맹과니인 시여 답답한 내 시여

보이지 않는 노래

더블린의 트리니티대학 운동장 잔디밭에
뚜렷이 남아 있는 베켓트의 발자국

비가 오면 붉게 물들어오는 양가죽 성경
힘줄처럼 솟아오르는 베켓트의 엄지 지문

(아니 보입니다 아니, 보입니다
마리아여 흔들리는 저희를 잡아주소서)

무성했던 잎새들을 하늘로 날려 보내고
가지만 앙상하게 남은 교정의 너도밤나무들

저녁내 신부님의 강론을 듣고도
말귀를 알아듣지 못하고 울어대는 염소들

(아직도 기다리는 것이냐
고도를 기다리고 있는 것이냐)

다산초당의 노을

아내가 보낸 붉은 치마를 헐어 수첩을 만들었다고 한다

빛바랜 활옷치마는 날 저물 때 한바탕 돋는 노을빛이었다

나귀 등에 업혀온 천리 치마폭에 맑은 눈물 몇 방울 떨어졌던가

기약할 길 없는 붉은 마음을 접어 하피첩(霞帔帖) 써내렸거니

무심히 해 저물고 별 기울고 꽃 지는 세상이 다시 이백 년

뜨겁게 젖는 노을에도 하피첩에 새긴 뜻 까맣게 잊고 살았다

밤새워 귀뚜리 저리 애틋하게 읽던 것이 노을빛 하피첩이었더냐

검푸른 미루나무 너머 노을은 여전히 절절한 귀뚜리 울음빛이다

망원(望遠)

멀리 바라본다는 것은
저 바다 건너 차령산맥이 말없이 굽이치듯
이생 너머
아들과 손주를 넘어
아득한 세월 뒤를 생각하는 일이겠지

고향에서는 제일 높다는 112m
망원산 꼭대기에 올라
문득 돌아가신 아버지와 어머니
얼굴조차 기억에 없는
이야기 속 할머니와 할아버지를 생각한다

너도 이제 열두 살이 되었다
양감면 지나고 북으로 다시 40리 걸으면
해평 윤씨 집성촌이 있을 터
거기 네가 부지런하면
거두어줄 집이 있을 것이다

1911년 정월 보름이 지나자 할머니는
눈망울이 송아지를 닮은 열두 살 아버지의
긴 머리를 감겨 땋아주시면서 말씀하셨다
열두 살 아버지는 그 뜻을 알아듣고
산을 넘어 들을 지나 철길을 따라가셨다고 한다

그런 이야기는 고향 뒷산을 돌며
아버지 빳빳하게 풀먹인 옥양목 두루마기 서걱이며
고조부 고조모 증조부 증조모
할아버지 할머니께 큰절을 올리는
성묘 때에 듣는 것이 제격이었다

그런 날은 엄동설한에도 햇살이 따스했다
바닷바람이 차가울 때도 있었고
눈길이 미끄러울 때도 있었지만
아버지와 함께라면 걱정 없다
고향 산에 올라서야 쬐끔 더 멀리 보인다

죽은 시인과의 만찬

부음을 듣고 놀랐던 게 엊그제 같은데
벌써 오 년이 되었다고
죽은 시인의 만찬장에 친구들이 모였다

생전에 찍은 동영상으로 죽은 시인의 얘기도 듣고
그가 남긴 시 몇 편 낭송하다 보니
어느 구석엔가 그가 앉아서 보고 있는 것 같았다

가족들이 앞에 나와 인사하는 것도 보고
다정했던 친구들 회고담도 듣고
남몰래 눈시울 붉히는 친구들도 보고 있었다

다시 만날 때까지 건강하게 잘들 있어
힘들더라도 조금씩 여유를 가지고 살아
유난히 마음 따스했던 시인의 목소리가 들렸다

나 대신 시 열심히들 쓰라고
그래도 시보다 더 좋은 게 없다고

옛날처럼 깨알엽서를 보내지 못하지만 다 읽고 있다고

사랑도 우정도 놓아버리면
끈 끊긴 연처럼 곤두박질치며 날아간다고
그렇게 손잡고 웃으며 인사 나눌 때가 고마운 때라고

다시 봄, 너구동

뽕나무에 매달린 필기체 누에들이 고물거린다

파란 글씨 한 잎 물어 오물오물 뜻 새기고
한 잠 자고 허물 벗고 하늘 보고
새잎 한 장 읽고 다시 하늘 보며 묵언수행

두 잠 자고 허물 벗어 꾸벅 읽고 하늘 보고
다시 돋는 새잎들 읽고 또 읽고
갸우뚱 하늘 보다가 스르르 세 잠 든다

마침내 티끌 하나 없는 곧은 마음을
성자처럼 섶에 올라 써내려간 한 줄의 백발자
길고 깊은 생명의 서(書), 그리고 은밀한 밀봉

다시 봄날, 갓 깨어난 누에나방이 날아오른다
첫 비상인데 언젠가 와본 것처럼 온 동네가 정답다
파란 뽕나무 가지에 가 앉는다 천지가 환해진다

<< 이나명

1994년 《현대시학》 등단. 시집 『금빛새벽』 『중심이 푸르다』 『그 나무는 새들을 품고 있다』 『왜가리는 왜 몸이 가벼운가』 등이 있음. 대산창작기금, 〈문학과창작 작품상〉 수상.

개화(開花)

동안거 막 끝내고 나오신 스님 얼굴빛 참 맑으시다
산은 산이라 깨치시고 물은 물이라 깨치셨는가
겨우내 무쇠 같은 검은 나무둥치를 두드려 깨고 나와
처음 햇빛 환히 머금은 흰 하늘빛.
만개한 매화나무 아래 한참 붙들려
저 향기 그윽한 하늘 법문을 한 모금 한 모금씩 들이마시다

경계를 지우다

아파트 출입문을 열자 문 앞에 새가 한 마리 떨어져 있다
어쩌다가……
조심스레 손으로 집어 드니 머리를 툭 떨군다
아직 몸에 온기가 남아 있다
아 방금 숨이 멎었나 보다
안과 밖의 경계가 보이지 않는 출입문 유리에 머리가 심하게 부딪쳤나?
벌써 새의 영혼이 어디론가 날아갔는지 두 눈이 꼭 닫혀 있다
이제 안과 밖이 필요 없어졌나 보다
저 날렵한 몸과 깃털들을 벗어버린 새는 어떤 모습일까
저 허공중 어디서 나를 내려다보고 있을까
보이지 않는다고 없는 건 아니라고 누군가 말했다
보이지 않는 새 한 마리 내 안으로 날아 들어온 날 아침
새가 버린 새의 뻣뻣해진 몸을 나무 밑에 묻어준다
토닥토닥 흙을 덮어준다
새와 나의 경계가 없어졌다

꿈을 꾸었다

꿈을 꾸었다
말로 하면 부질없어지는, 말을 하면 푸석푸석 부서져버리는, 꿈
입을 봉하고 혀를 묶고 가만히 꿈속을 들여다보았다
어디서 온 하얀 말이 내게 등을 내밀었다
나는 냉큼 올라타고 어디로 가느냐고 묻지 않았다
말의 하얀 발이 어디론가 타박타박 내딛었다,
바위들 사이로 물빛이 하얀 계곡물이 흘렀다
나는 잠깐 말의 발을 붙잡아놓고 하얀 계곡물에 손을 담갔다
어디서 와서 어디로 가는지 물에게 묻지 않았다
묻는다고 다 대답하는 건 아니었다
대답이 없다고 다 알아들을 수 없는 건 아니었다
물이 저 혼자 똘랑똘랑 부르는 노랫소리가 대답처럼 나를 일으켜 세웠다
말 잔등이 나를 재촉했다
타박타박 말발굽 소리가 나를 데리고 또 어딘가로 갔다
초가집 한 채가 보였다 나는 허름한 울타리에 달린 삽작문을 밀고 안으로 들어갔다 방금 꿈에서 깬 듯 눈을 비비며 반

백의 노인이 나왔다

"말 없는 말과 말하는 침묵을 배우러 왔어요" 나는 말했다

"그런 것 모르니 그만 가보시오" 노인이 대답했다

—하긴 말 없는 말과 말하는 침묵을 어찌 말로 들을 수 있을까

나는 다시 말 잔등에 올라타고 집으로 돌아왔다

꿈을 깨고 일어나니 벌써 창문 앞에 하얀 아침이 와 있었다

아침의 잔등이 반짝반짝 빛나고 있었다

나는 냉큼 올라탔다

어디로 가느냐고 물을 필요가 없었다

다시 꿈속이었다

늦게 와도 괜찮아, 기다리고 있을게
—천사에게

벌써 해가 지네. 그대는 아직 오지 않고 어디서 왔는지 유리창 밖으로 어둠들이 어슬렁어슬렁 돌아다니네. 노상주차장에서 누군가를 기다리던 차들이 서둘러 전조등을 켜고 하나 둘 빠져나가네. 나는 불빛 밝힌 찻집에 앉아서 되도록 천천히 책장을 넘기고 있네. 책장 위로 발발 기어다니는 개미떼 같은 글자들은 오래 씹을수록 곤죽이 되네. 나는 그대를 오래 기다리고 있네. 괜찮아, 늦게 와도 돼. 내가 기다릴게. 뭐 그대를 기다리는 일인걸. 이렇게 누군가를 기다린다는 건 나에게 누군가가 있다는 거잖아. 나는 오직 기다림을 위해 그대를 기다릴 수 있네. 여기 이렇게 느긋이 나를 앉혀놓고 나만의 시간을 한 장 한 장 넘기고 있네. 도무지 알 수 없는 나를 곰곰 음미하고 있네. 시간 속에서 발발 기어나오는 개미떼 같은 글자들은 씹을수록 곤죽이 되고, 진국이 되고, 그래도 주머니 속에 남아 자꾸만 바스락거리는 남은 시간들 한 알 두 알 별사탕처럼 꺼내 먹으며 그대를 기다리는 동안, 어둠 속으로 떠오르는 별별 기억들 찬찬이 녹여 먹는 동안, 아니 내가 벌써 이렇게 늙어버렸네. 괜찮아 괜찮아, 시간은 달콤해서 한 올 한 올 하얗게 빨아먹다 보면 마침내 내가 기다리는 기다림은 오겠지. 그래도 그대, 아직도 내 혀 밑에서 동글동글 굴러다니는 그대, 시간은 둥글고 시간은 둥글어서 굴렁쇠 굴리듯 시간을 굴려오고 있는 그대, 늦게 와도 괜찮아, 기다릴게. 나는 다만 그대를 따뜻이 녹여가며 천천히 천천히 아껴먹고 싶을 뿐이네.

바람하고 노는 법

바람이 와서 창문을 두드렸다
나는 창문을 열어주고 들어오라 했다
바람은 창턱을 넘어 들어와 집 안을 제 맘대로 돌아다녔다
강아지와 놀고 고양이와 놀고 거북이와 놀고
꽃들하고도 놀았다
식탁 위에 올라가 뛰고 책장 선반마다 올라앉아 뒤적거리고 또
너풀너풀 커튼을 흔들며 한참 놀다 지루해졌는지 해가 질 무렵
해를 따라 다시 창턱을 넘어서 돌아갔다

나는 온종일 심심하지 않았고
나는 누구도 보고 싶지 않았다
언제 또 올 거니?
묻지도 않았다

애기똥풀

이마에 땀방울이 송글송글 맺히도록
아기가 엄마 젖을 빤다
한참 빨다 힘이 드는지 잇몸으로 젖꼭지를 가만히 물고
아기가 엄마 얼굴을 빤히 올려다본다
(엄마 세상은 원래 이렇게 힘들게 먹고 사는 거야?)
엄마가 아기를 안쓰럽게 내려다본다
(힘들지? 아가야 그래도 한 모금 한 모금씩 힘을 내서 빨아 먹으렴)
엄마가 아기 이마에 맺힌 땀방울을 흰 무명수건으로 꼭꼭 눌러 닦아준다
그래 그래 아가야 지금은 힘들어도 힘 있게 젖을 빨아야 해
그렇게 황금 같은 노란 똥을 예쁘게 피워놓으면 돼

병 속의 토끼

어두운 밤, 아파트 공터 나무벤치에 혼자 앉아 있었다. 갑자기 어둠 속에서 이상한 소리가 들렸다. 나는 사방을 둘러보았다. 저만치, 흰 망초 꽃대들 사이에 토끼 한 마리가 귀를 쫑긋 세우고 서 있는 게 보였다. 아니 네가 왜 그곳에 있는 거니? 너는 달나라에서 살고 있지 않니? 토끼는 귀를 쫑긋거리며 답답해서 도망쳐 왔다고 했다. 나는 회갈색 털옷을 입고 유난히 귀가 긴 토끼가 마음에 들었다. 나도 마침 집 안이 답답해서 바람을 쐬러 나온 터였다. 우리는 서로 마음이 통했다. 나는 밤마다 낮에 뜯어 모은 씀바귀와 민들레 잎을 가지고 토끼를 만나러 갔다. 토끼는 잎사귀마다 짜장처럼 검은 어둠을 골고루 발라 맛있게 먹었다. 잎사귀를 씹는 소리가 유리알처럼 맑았다. 그 소리가 듣기에 참 좋았다. 세상에 이런 행복도 있구나. 토끼와의 만남은 계속되었다. 어느 날엔 토끼가 내 검지손가락을 꼭 물었다. 피도 났다. 무슨 징조일까? 또 어느 땐 내 발을 가지고 놀다가 운동화 끈을 쏙닥 잘랐다. 어느 땐 땅굴을 파들어 가며 제 통통한 엉덩이를 보여줬다. 또 하품을 할 땐 크고 하얀 앞니 두개를 자랑스레 보여줬다. 또 여기저기 까만 콩자반 똥을 한 줌씩 흘려놓기도 했다. 다시 여름이 왔다. 그 여름비가 억수로 쏟아지던 밤, 놀이터 미끄럼틀 밑에서 비를 피하던 토끼가 밤사이 사라졌다. 토끼가 앉아 있던 자리엔 먹다 남은 풀잎들이 오들오들 시들어 있었다. 근 일 년간의 만남이었다. 행복과의 만남이었다. 토끼는 다시 나타나지 않았다. 매일 토끼가 놀던 곳을 찾아가 기다려 보았지만 토끼는 오지 않았다. 아니 왜 너는 나에게 말도 없이 달나라로 돌아간 거니? 토끼가 떠나고 나는 그리움이라는 이상한 병에 시달렸다. 눈이 아프고 귀가 아팠다. 이건 또 무슨 흔적일까? 나는 그리움의 병을 가슴속에 품었다. 병 속의 토끼를 품었다.

블랙홀

한 몸이 된 잠자리 한 쌍이 수면 위를 날며 꽁지를 물에 담갔다 뺐다 담갔다 뺐다 한다

할미새 한 마리 물가에 날아와 노랑 날개깃을 파닥파닥 씻는다 날개를 파르르 털고 꽁지깃을 까딱까딱 한다 휘리릭 어딘가로 재빨리 날아간다

오리 두 마리 물 위로 정답게 떠간다 마주보기도 하고 물속에 머리를 함께 넣어보기도 하면서

물 가장자리엔 고마리 여뀌들이 꽃대를 들고 지금 한창 분홍 물감을 길어 올리고 있는 중이다

어린 버드나무 한 그루 지난 폭우에 비스듬히 기울어진 허리를 펴서 중심을 잡으려고 애쓰고 있다

산보 나온 강아지가 목줄을 잡은 할아버지와 함께 걷는다 할아버지가 조금씩 뒤처진다 강아지가 흘끗 뒤돌아본다 어영차 어영차 목줄을 당겨 할아버지를 끌고 간다

움직이거나 움직이지 않는 것들이 열심히 보여주고 있는 이 모든 풍경들이 내 검은 눈동자 속으로 순간순간 빨려들어온다

그 속의 깊이를 알 수 없는 나는 거대한 블랙홀이다

해설

멀고 먼 서정의 끄트머리

우대식(시인)

〈시천지〉 동인의 8집 동인지 원고를 받아보고 그 연혁이 사반세기에 가깝다는 사실을 알았다. 또한 애초의 동인들이 대개 그대로 유지되고 있음을 보고 어떤 순정함을 느꼈다. 견리사의(見利思義)랄까, 경박한 추세와는 일정한 거리를 둔, 조금은 느린 듯 보이지만 어깨를 겯고 걷는 행로를 보며 시를 읽고 쓰는 동업자로서 일말의 고마움을 느낀 것도 사실이다. 다만 글을 쓰며 안타까운 사실은 동인지에 대한 해설이니 만큼 동인들 면면과 좀 더 내밀한 인간적 관계가 형성되어 있었더라면 좋았겠다는 생각도 든다. 동인들 가운데 호형호제로 가까운 분도, 한 번도 뵙지 못한 분도 있다. 노명순 시인과는 타계하시기 전 몽골여행을 같이하기도 했으며 최영규 형은 더러 만나 꼭지가 돌아갈 때까지 술을 마시는 망년의 주우이기도 하다. 이나명 시인은 원주로 고향이 같고 윤정구 시인은 고향이 평택으로 내가 지금 사는 곳과 같다. 박수빈 시인은 아주대에서 공부할 때 만난 인연이 있다. 진영대 시인은 등단 초기 그의 시를 좋아해서 문학행사에 초대했던 적이 있었으며 한이나 시인은 필자가 등단한 『현대시학』 출신의 선배이니 그럭저럭 〈시천지〉 동인들과 적지 않은 인연이 있다는 데 생각이 미치기도 한다. 열한 분의 시를 읽다보니 각각의 개성이 만만치 않아 어떤 틀에 묶어 시를 해설한다는 것이 만만치 않은 일임을 통감하게 된다. 그러나 글의 성격상 함께 묶어 이야기하고 각론을 세심하게 펼칠 수 없었음을 관대히 이해해주시기를 바랄 뿐이다.

1. 심정(心旌)—마음의 흔들리는 깃발

소제목으로 삼은 심정(心旌)은 최영규의 시 제목으로 바람에 날리는 깃발처럼 마음이 안정되지 않은 상태를 뜻한다. 이 글에서 쓴 심정의 의미는 심란한 마음의 상태라기보다는 보다 복잡한 내면의 탐구를 의미한다고 보면 적확할 것이다.

최영규의 시는 그동안 해왔던 작업의 연장선상에서 산을 모티브로 하고 있다. 산은 그의 삶이나 문학에서 척추의 의미를 띠고 있는 소재로 치열한 자기고백의 장(場)으로 작용

한다. 그것은 "절대 침묵으로 쉼 없이 호령"(「초오유—안데스 19」)하는 히말라야에서 "없는 길을 찾아"(「노란부리까마귀—안데스 19」)가는 행로가 그에게는 시의 길이라는 뜻이기도 하다. 고산병으로 "핏덩이가 섞인 가래를 한 움큼씩"(「심정—안데스 25」) 뱉어내면서도 "저들의 생각과 기어이 마주치고"(「노란부리까마귀—안데스 19」) 말겠다는 대결의식은 그로 하여금 또다시 산으로 향하게 하는 동기를 제공한다.

피가 섞인 콧물이 흐른다. 침을 삼키려면 터져버릴 것 같은 목울대, 온몸을 웅크린 오소리 꼴이 되어서는 주위를 살핀다. 아침이면 어김없이 핏덩이가 섞인 가래를 한 움큼씩 뱉어낸다. 허기로 숨 쉴 기력조차 없지만 막상 밥알은 단 한 톨도 목구멍 속으로 삼킬 수 없다. 누가 내 머릿속에서 맷돌질을 하는지 틈 없이 덤벼드는 두통. 아, 모든 게 자근자근 나를 무두질해대며 하산! 그만 하산하라고, 후들거리는 허벅지로 겨우 버티고 서있는 나를 밀어 바람 앞에 세운다.

오후 4시, 한낮도 훨씬 지났는데 햇살은 여전하다. 저 기세라면 어제 내린 폭설도 농담처럼 가볍게 녹일 것이고, 바람은 다시 구름을 불러 모아 하늘을 잘게 부숴놓을 것이다. 거짓말처럼 반복되는 폭설은 오한을 불러온다. 나는 고소용방한복에 팔과 다리를 겨우 겨우 끼워 넣으

며 오늘이 며칠이더라,

환각처럼 보이는 멀리, 빙하 아래쪽으로 소용돌이치며
흩어지는 내가 보인다.

—최영규, 「심정—안데스 25」 전문

왜 산으로 가는가? 8,000미터 급의 고산으로 올라간다는 것은 일상의 눈으로 보자면 이해하기 어려운 측면이 있다. 사서 고생이라는 말이 이보다 정확한 경우가 있을는지 모르겠다. 고산병이란 인간이 범해서는 안 될 높이에 이르렀을 때 신이 내리는 형벌이다. 시에 나오듯 머릿속에서는 끝없이 하산이라는 단어만이 맴돈다. 그러나 그 유혹이란 양방향의 욕망인 탓에 세속으로 돌아가면 다시 산이 유혹한다는 것을 시인은 잘 알고 있다. 그러한 자들이 내뱉는 말은 늘 동일하다. 이번이 마지막이다. 그러나 그것은 윤회와 같은 것이어서 하산과 등산을 반복하며 마음은 늘 전쟁과 같은 상태에 놓이게 된다. 고산병으로 인해 환청, 환각에 시달리며 "오늘이 며칠이더라," 날짜를 세는 장면은 영화의 한 컷을 연상케 한다. 환각의 상태에서 "빙하 아래쪽으로 소용돌이치며 흩어지는" 자신을 바라본다는 것은 죽음의 임사 체험이다. "죽은 나를 만나기라도 한 듯 떠밀려 나가는 기운에 눈이 크게 떠졌다"(「꿈—안데스 22」)는 고백처럼 산은 그에게 끝없이 자신의 죽음을 목도하게 한다. 그때 꿈속에서 만나는 자신의 집 뒷산인 운길산 그리고 수종사는 그에게는 사무친 그리움으로 다가올 터. 그러나 산에서 내려오고 시간이 지나면 다시 초오유가 사무친 그리움이 될 터. 역설적이게도 그가 언제나 유쾌한 이유가 이 언저리에 있지 않을까.

박수빈의 시는 보다 섬세하고 복잡한 내면의 무늬를 보여준다. 육체성의 사유, 보다 정확히 말하자면 여성성에 대한 사유를 통하여 도달할 수 없는 통증의 거리를 측정하고 세계와의 단절을 꿈꾸고 여여(如如)한 세계로 자신을 찾아 나서기도 한다. 또한 삶의 속성으로서 짓밟힘에 대해, 생의 본질로서 승자 독식의 현실을 비극적이고 냉철한 감각의 렌즈로 들여다본다. "치마 속에 색을 잃은 달빛이 가득하다"(「화이트 와인」)는 여성성에 대한 자각이 어떤 비극성을 띠는 이유는 이 세계에 대한 절대적인 믿음이 없다는 것을 의미한다. 그러한 태도는 더러 성적인 메타포를 구사할 때 가학적인 형상으로 드러난다. "짓밟을수록 죄가 살아나고/짓밟힐수록 살맛이 난다"(「팥빙수」)는 시 구절은 감추고 닫힌 여성의 세계를 활짝 열어젖히고 세계와 정면으로 마주하겠다는 의지를 보여준다. 세계의 양면성을 응시하고 세계로부터 주어진 고난을 투철히 감내함으로써 세계를 살아내는 의지를 표명하고 있는 것이다.

폐사지에 발을 들이는 순간 내가 없어진다 폐허가 나답다

물안개가 피어오르다 말다 인적이 보이다 말다 바람소리 물소리 들리다 말다

저 너머로 미끄러지는 새, 하늘의 경계는 어디일까

자리를 잃고 두리번거리는 기둥과 서까래들 누가 다시 나를 일으켜 세울지

젊은 날 내 안에서 울던 목어 소리 범종 소리 들리지 않고

팔작지붕 그림자 아래 당간지주는 등을 웅크리고

텅 빈 몸에 산까마귀 울음만 가득

—박수빈, 「여여(如如)」 전문

박수빈은 폐허로서의 육체성을 폐사지에 비유하고 있다. 무엇 하나 구체적으로 실존하지 않는 폐사지의 풍경이 시인의 내면 풍경과 동급을 이루었을 때 적멸만 남아야겠지만 시인의 욕망은 그 너머에 있다. "저 너머로 미끄러지는 새"야말로 이 폐사지에서 유일한 운동성을 보여주며 경계를 넘나드

는 대상이다. 새를 쫓는 시선의 길이가 시인이 긍정하는 세상의 거리 혹 공간이라 할 수 있다. "누가 다시 나를 일으켜" 세우겠는가라는 질문에 대한 답은 절대존재자 혹은 동일한 의미로서 진아(眞我) 이외에는 답할 존재가 세계에는 없다. "산까마귀 울음"이 그 답을 찾고자 하는 시인 자신의 울음인 이유가 여기에 있다. '한결같고 변함없음'을 뜻하는 여여(如如)의 쓰임이 대개 마음의 한가로움 혹은 은일한 자의 내면을 드러내는 어구로 쓰일 터이지만 이 전쟁과 같은 마음의 상태가 박수빈에게는 여여(如如)한 세계였던 것이다.

윤정구의 시는 서정을 바탕으로 하면서 인생의 깊은 성찰을 통하여 견인주의적 태도를 견지하고 있다. 견인주의적 태도란 자신의 삶과 주변을 끊임없이 성찰해야 가능한 일로서 윤리적인 맥락이 가로놓여져 있다. 아버지에 대한 사유가 그렇고 샤무엘 베케트의 〈고도를 기다리며〉를 인유한 시가 그러하다. "아직도 기다리는 것이냐/고도를 기다리고 있는 것이냐"(「보이지 않는 노래」)라고 스스로에게 묻는 일은 실존적 자아의 절박한 자기 물음에 해당한다. 가령 〈고도를 기다리며〉에서 "습관은 우리의 모든 이성을 무디게 하지"라는 블라디미르의 대사처럼 기다리는 행위가 일종의 습관이 되었을 때 존재의 가치는 타성화된다는 것을 시인은 잘 알고 있다. 각성된 자아에게 시란 단순히 감성의 산물일 수만은 없는 것이다. 윤정구의 시가 보다 철학적인 사유를 제시하는 이유가 여기에 있다. 생명의 비의나 생명의 전진 혹은 메타시로서 점안의 세계를 그리는 이유도 감성 이면에 담겨 있는 근원에 대한 열망에서 비롯된 것이다.

간혹 인물화에 눈동자를 그려 넣지 않았던 화성(畵聖)
고개지(顧愷之)는 아무리 하찮은 사물에도 다 신이 깃들
어 있다고 말했다

그대가 그림을 그리고 시를 쓴다면 사물에 깃든 신을
만나야 한다고 여백은 빈 공간이 아니라 가능성의 힘들
이 뭉쳐 있는 유현(幽玄)한 공간이라고

설령 폭포가 떨어지는 깊은 골짜기에 들어갔을 때 가
슴이 갑자기 벅차오르고 기가 차오름을 느낀다면 멈추고
서서 폭포의 말에 귀를 기울여라

이우환의 움직이는 점과 마주섰을 때도 마찬가지다 점
과 점들이 서로 당기고 밀어내는 균형과 불균형의 접점
이 느껴진다면 그것이 바로 신의 숨결 아니겠는가

그대 가슴속 만 가지 느낌과 뜻도 획 하나로 담아낼 수
있다고 그 획 하나에 모든 우주의 기를 모아 정신을 곧바

로 하늘을 향하여 세울 수 있다지만

낙관을 찍어 자신이 점안한 것임을 보증하던 옛사람처럼 시여 내가 눈을 찍어 세상에 내보내어도 여전히 청맹과니인 시여 답답한 내 시여

—윤정구, 「점안(點眼)의 시법(詩法)」 전문

고개지의 점안과 이우환의 점은 모두 1차원이라는 특성을 가진다. 과학적으로 말하면 1차원은 아니겠지만 고도로 고양된 정신 상태에서 점 하나를 찍는다는 행위는 신의 숨결이 아니고는 생명력을 얻을 수 없다고 시인은 말하고 있는 것이다. 신묘를 얻었을 때 한 획에 수만 가지의 생각을 한꺼번에 담아낼 수 있다는 예술론은 자신의 시를 반성하게 한다. "청맹과니인 시여 답답한 시여"라고 노래했을 때 이제 그의 욕망은 신필을 얻기 위해 정진할 것이라는 사실을 자연스럽게 드러내준다. "시보다 더 좋은 게 없다"(「죽은 시인과의 만찬」)고 중얼거리면서.

2. 바람하고 노는 법—함께 있어도 헤어져 있는 저 것들

김성오의 시는 아내에 대한 연민 그리고 시대에 고민 등

다양한 의미망을 가지고 있으나 그 핵심은 자아와 대상의 여일(如一)함에 있다. 나와 당신의 관계가 그렇고 헤어짐과 만남의 관계가 그러하다. 그것은 그의 세계관이 보다 동양적이라는 것을 의미하는 것이기도 하다. 좀 더 나가면 삶과 죽음의 관계도 역시 그러할 터이다. "기다리지 마라,/언제 우리가 만나기나 하였더냐."//"기다리고 있다./우리, 이미 헤어졌는데 또 헤어질 수야 있느냐."(「가을 문자」). 회자정리(會者定離) 혹은 거자필반(去者必返)이라는 자연의 이치를 터득한 자에게 만남과 헤어짐이라는 변화와 변동은 그저 가시적인 사건일 뿐이다. 텅 빈 고요 속에서도 카오스가 난무한다. 떠난다는 것은 곧 돌아오기 시작했다는 역설이 가능한 것은 바로 아타여일(我他如一)의 사상이 바탕이 되었기 때문이다.

> 당신은 떠나고 나는 남아서 당신을 만나던 그 허허벌판의 폭설. 당신은 남고 나는 떠나서 당신을 만나던 비 내리는 산정의 그 고사목. 헤어지는 것이 만나는 것이고 만나는 것이 헤어지는 것이었던 음지의 동그란 그리움들.
>
> 사랑?
>
> 그것은 너무 많아서 셀 수가 없는 하나.
>
> 헤어져서 함께하는 제 몸속에서 서로를 찾아낸 이별들, 벌레와 풀, 종은 달라도 사랑은 같은 것, 너무 많아서 셀 수가 없는 하나가 되어 겨울과 여름이 만나고 있다.

나는 가고 당신은 남아서 나를 지키고 있는
이 겨울의 텅 빈 백사장.
당신은 가고 나는 남아서 당신을 지키고 있는
이 여름의 플라타너스 나무 한 잎.

—김성오, 「동충하초」 전문

"헤어지는 것이 만나는 것이고 만나는 것이 헤어지는 것"이라는 시구는 김성오의 시적 사유의 핵심을 이룬다. 이러한 인식은 천지만물은 동체라는 데에서 비롯된다. 나는 당신을 지키고 당신은 나를 지킨다는 진술은 이 시의 제목 「동충하초」의 의미를 보다 명확하게 해준다. "사랑?/그것은 너무 많아서 셀 수가 없는 하나"라는 것은 불교적 역설로 보면 만공(滿空)에 해당할 터이다. 넘치고 빎이 다 같은 것이다. 김성오의 시가 따뜻하고 맑은 이유가 여기에 있다.

김영교의 시는 심각한 문제를 간결하게 풀어 시적 이해를 높이는 데 탁월한 능력을 보여준다. 수련(睡蓮)을 통한 사라짐의 미학이 동양적 세계에 기인한 고전적 분위기를 발산하고 있다면 「호모 파베르」 같은 시는 자본화, 문명화와 더불어 변해버린 손의 기능을 풍자하고 있다. "손을 사용하고부터 나는/도무지 깨끗하게 살 수 없었다"(「호모 파베르」)와 같은 시구는 현대인의 삶을 희화화하면서 더불어 탁월한 자기성찰의 면모를 보여준다. 또한 자연과의 조화로운 삶을 꿈꾸기도 하며 어린 날의 누이를 추억하기도 한다. 「꽃차 마시는 오후」에서는 죄(罪)라고 하는 단어를 비틀어 소위 펀(fun)의 기법으로 시를 형상화하기도 한다. 김영교 시의 한 정점도 사라짐의 미학이라고 부를 수 있는 없음과 있음의 변증적 미학을 기반으로 한다.

땅으로 곤두박질쳐야
비로소
완성되는 아름다움

이승에서 입 맞추다
저승에서도
눈감지 못하는 사랑이여

절정의 순간
기꺼이 몸 던지는 처연함
흐트러짐 하나 없는
곡(哭)

—김영교, 「동백꽃 울어」 전문

이 시도 역설적 방법론으로 형상화되어 있다. "흐트러짐 하나 없는/곡(哭)"이란 애이불비(哀而不悲)의 지극한 실천으로 운다는 행위 너머의 근원을 생각게 한다. 그 시간적 배경이 '절정'인 까닭에 절정은 곧 죽음이라는 등가의 등식을 떠올리게 한다. 그러나 "땅으로 곤두박질쳐야/비로소/완성되는 아름다움"이라는 시구는 죽음이 세계의 끝 혹은 절망이 아니라 아름다움의 시초라는 역설적 인식을 보여주며 그 지평을 확장한다.

이나명의 시는 보다 그 스펙트럼이 다양하다. 맑고 원만한 세계를 그리기도 하며 안과 밖의 경계를 무화시키는 일상을 통해 달관의 경지를 보여주기도 한다. 「꿈을 꾸었다」와 같은 시는 삶의 과정이 꿈의 연속이라는 새로운 발상을 보여주기도 한다. 「늦게 와도 괜찮아, 기다리고 있을게」에서는 죽음과의 대화를 통하여 "그대, 늦게 와도 괜찮아, 기다릴게. 나는 다만 그대를 따뜻하게 녹여가며 천천히 아껴먹고 싶을 뿐이네"와 같이 노장의 여유를 보여준다. 「애기똥풀」에서 아기를 들여다보는 시선은 생명에 대한 관조의 눈빛을 띠고 있는데 이것도 삶을 넉넉히 살아온 자의 지혜가 담겨져 있다.

> 바람이 와서 창문을 두드렸다
> 나는 창문을 열어주고 들어오라 했다
> 바람은 창턱을 넘어 들어와 집 안을 제 맘대로 돌아다녔다
> 강아지와 놀고 고양이와 놀고 거북이와 놀고

꽃들하고도 놀았다

식탁 위에 올라가 뛰고 책장 선반마다 올라앉아 뒤적거리고 또

너풀너풀 커튼을 흔들며 한참 놀다 지루해졌는지 해가 질 무렵

해를 따라 다시 창턱을 넘어서 돌아갔다

나는 온종일 심심하지 않았고

나는 누구도 보고 싶지 않았다

언제 또 올 거니?

묻지도 않았다

—이나명, 「바람하고 노는 법」 전문

이 시를 보면 나와 바람 그리고 강아지, 고양이, 꽃은 모두 동급의 존재들이다. 고전적 개념과 뉘앙스는 다르지만 물아일체(物我一體)의 지경을 이 시에서 만날 수 있다. 생명과 비생명의 만남 그리고 두 존재가 동화(同化)를 이루는 장면은 지극히 자연스럽다. 그것은 이나명 시인의 내면적 세계관과 깊은 연관이 있다. 앞에 말했던 것처럼 달관과 노장의 지혜도 이 언저리에서 비롯되었을 것이다. "언제 또 올 거니?/묻지도 않았다"는 무심한 태도야말로 자아와 대상 간의 관계성을 잘 보여준다. 이러한 태도가 대상에 대한 무관심 때문이 아니라 대상과 일체가 되었기 때문에 가능한 일이라는 것을

위의 시는 잘 보여준다.

3. 위안—강의 외로움이 조금씩 풀리고 있었다

문학이 사람의 마음을 치료해주는 위안의 역할을 해왔음은 주지의 사실이다. 더러는 아름다움을 통하여 더러는 비극적 분위기의 환기를 통한 정화 작용으로 우리의 마음에 위안을 주어왔다. 서주석의 시는 전편이 꽃이란 공통 제목으로 형상화되어 있다. 「힐링꽃」, 「눈물꽃」, 「꿈의 꽃」, 「비움꽃」, 「화의 꽃」, 「알몸꽃」 등 관념과 꽃의 결합으로 시를 형상화하고 있다. 이때 꽃이란 고양된 관념의 최고 경지를 뜻한다. 「힐링꽃」에서 문학은 "치유꽃"을 피운다고 직접적으로 언급하기도 할 만큼 서주석은 문학의 효용적 기능으로써 힐링에 무게를 두고 있다. "이 봄이 가기 전, 어서/꿈의 꽃을 심어야겠"다는 의지도 사람살이의 희망과 깊은 관련이 있다.

벚꽃이 눈부신 봄날
마로니에 공원 뜰 안
노숙자들에게 밥을 퍼 줍니다
밥 두 주걱에 닭개장 한 사발
김치 두어 쪽입니다

벚꽃잎들이 후르륵
국그릇 속으로 날아듭니다
햇살도 한 줌 사르륵
숟가락 사이로 들어옵니다
비둘기 한 마리 포르륵
밥솥 밑으로 걸어옵니다

뜨거운 김으로
눈물범벅이 된 국그릇
벚꽃 국물 넘실대는 봄날
연분홍 눈물꽃을 피워냅니다

—서주석, 「눈물꽃」 전문

노숙자와 함께하는 장면을 그린 이 시도 소외된 자들의 상처를 어루만진다는 점에서 위안으로써의 시적 효용을 떠올리게 한다. 험난한 세상이지만 서로가 있어 이 강을 건널 수 있다는 인식은 사람살이를 아름다고 소중하게 가꾸어주는 요소이다. 별것 없는 밥이지만 나누어 먹을 때 모든 자연이 조화롭다는 것을 보여준다. 벚꽃, 햇살, 비둘기 모두 이 세계를 함께 살아가는 존재들인 것이다. 구체적으로 말해 시가 신을 향해 피는 '치유꽃'이 되는 이유도 함께 살아가는 구체적인 국면을 인상적으로 그려내기 때문인 것이다.

반면 오석륜은 외로움의 환기와 회고의 방식을 통하여 우리의 마음을 위로해주고 있다. 가문 산속에서 메마른 물가를 툭툭 건드려주는 청설모, 그리고 미동으로 반응하는 물 등은 견디기 어려운 자연 속에서도 서로를 위로하며 서로에게 엷은 미소를 띤다(「산속의 가뭄을 옮겨 적다」). 이는 생명이나 비생명 모두 등가의 의미를 지니며 존재한다는 것을 뜻한다. 이러한 인식은 「강가에서」도 여실히 드러난다. "강이 하루 중 가장 외로울 때는/노을이 사라질 때였다"는 시구는 사물 역시도 서로 존재로 인하여 위로받고 있는 것이다. 이를 통하여 조화로운 세계 질서의 참된 가치를 보여준다. 강의 외로움이 풀리는 때는 해가 빠져나간 자리에 달이 찾아들 때이다. 조화로운 자연의 질서가 이 세계를 원만한 것으로 만들어준다. 「단양역에서」, 「단칸방」 등의 시를 통해서는 가난하고 외로웠던 어린 날을 떠올리고 있지만 그러한 추억들은 시인의 내면에서 눈부시도록 아름다운 삶의 기제로 작동하고 있다.

끼니 거른 월세를 재촉 받을 때마다
문틈으로 새어나가는 집안의 허기를
온몸으로 가려주던
담쟁이넝쿨,

우리 집 식구라도 된 듯
악착같이 매달려

몇 해를 같이 살았습니다.

—오석륜, 「식구」 전문

신산한 삶을 살았던 어린 날의 단칸방살이를 시인은 "세상에서 가장 뜨거운 곳"(「단칸방」)이었다고 규정하고 있다. 아버지는 달빛을 따라 새벽일을 나가고 누이는 어디론가 멀리 떠나 소문으로만 다녀가던 쓸쓸한 추억의 장소가 단칸방이다. 그러나 식구들의 "지친 호흡만으로도 뜨거웠"(「단칸방」)던 공간이 또한 단칸방이었다. 그러한 의미에서 위 시는 식구에 대한 의미를 다시 새기고 있다. "월세를 재촉" 받는 가난하고 허기진 가족을 온몸으로 가려주던 담쟁이넝쿨이야말로 진정한 의미의 식구라는 인식은 우리에게 마음 따듯한 위로를 전해준다. "악착같이 매달려/몇 해를 같이 살"며 동행했던 어려웠던 시절의 담쟁이넝쿨은 어쩌면 우리가 잊고 사는 우리 삶의 공동체적 원형은 아닐까도 생각해보는 것이다.

4. 멀고 먼 서정의 끄트머리—그의 흔적 날아가서 구름이 되고

고영섭의 시는 고전에서 인유된 바가 많다. 「일연의 독백」, 「원효로에서 원효를 만나다」, 「뿐」 등의 작품에서는 고전에

등장하는 인물을 직접 끌어와 시를 형상화하고 있다. 뿐만 아니라 "아, 바위를 잘라내는 칼 같은 그대"(「물」)라고 읊었을 때 상선약수(上善若水)와 같은 동양 고전의 숨결을 느끼게 된다. 이 고전의 향기는 불교적 사유와 만나 일상 속에서 깨달음의 지경에 도달하기도 한다. "떨어지는 꽃잎 뒤의 선경(禪經)"(「벚꽃 사리」)을 보는 비범한 시선도 불교적 성향에 덧댄 고전의 숨결에서 비롯되는 것이다. "원효로에 나아가 나를 보았네"(「원효로에서 원효를 만나다—서울의 원효 기행」)라는 서슴없는 시구 속에서 내면화된 고전의 힘을 만나게 된다. 그 힘이 무거움을 벗었을 때 「묘미—살맛」과 같은 잠언과 같은 혜안의 목소리를 드러낸다. "그때 좀 더 마음 줄 걸 그랬어요"라고 노래했을 때 둔중한 종교적 논리를 뚫고 나온 범속한 트임을 만나게 된다. 한편으로 여행의 형식으로 삶의 비의를 찾아가는 모습도 인상적이다.

눈앞에 셀 수 없이 널린 길들도
내 정작 마음먹고 나가려 할 땐
너댓 길 서너 길 두어 길 되다
한 길로 줄어들기 마련이듯이

지상에서 제일로 부지런한 건
나의 손과 또 나의 발이라지만
머리에서 가슴으로 못 옮기고선

가슴에서 발끝으로 못 이르고선

세상에서 제일로 머나먼 길은
머리에서 발끝까지 나아가는 길
발끝에서 온몸으로 못 나가고선
마지막엔 자기조차 못 버리고선

눈앞에 널려 있는 길들 중에서
마음 둘 수 있는 길은 어디에 있나
지상 위에 남겨진 오직 한 길은
내 온몸을 던져서 열어가는 길.

—고영섭, 「길—사랑의 지도」 전문

고승의 게송과 같은 이 시는 철학적인 자기성찰을 바탕으로 하고 있다. 참된 사랑의 길이란 자기를 버리고 자신의 몸을 던져서 열어가는 길이라고 말하고 있다. 어쩌면 인생에서 진정한 여행이란 자신의 몸을 길 삼아 가는 것일지도 모른다. 그 혹독한 여행은 아무에게나 가능한 일이 아니다. "떠나기 전의 나와 돌아온 내가/무엇이 달라도 분명히"(「나는 쓴다고로 나는 존재한다」) 다르다는 것을 인지할 수 있는 내면의 힘이 있을 때 가능하다. 보이는 것만이 전부가 아니라는 것을 깨달았을 때 여행은 시작된다. 멀고 먼 서정의 끄트머리.

한이나는 시적 대상을 마주할 때 곧잘 그 대상 속에서 자신을 투사한다. 그 대상을 통해 기운이 생동하는 자아를 회복하기도 하며(「돌거울」), “내 안의 짐승”(「헛꽃」)을 발견하고 고뇌를 거듭하기도 한다. 동백은 시적 화자를 꽃방으로 들여 앉히고 조용히 타이른다. 너를 바라보라고. 동백의 말에 가만히 귀를 기울인다는 것은 자신의 내면의 목소리를 듣는다는 것을 의미한다. 이 내면의 목소리야말로 한이나 시의 한 축을 이루고 있다. 거듭되는 내면의 대화는 정서를 초월적인 세계로 이끈다. 그러나 이러한 초월적 인식의 바탕에는 끊임없는 자기 내면과의 투쟁이 가로놓여 있다. “잡풀 무성한 마음까지도 쓰윽 슥/단칼에 벨 수 있는”(「파릉의 취모검」) 칼에 대한 명상은 한이나의 내면의 목소리가 단순한 평화와는 다른 지점에 위치한다는 것을 알게 해준다.

저녁 어스름

멀고 먼 서정의 끄트머리 아바나의 말레콘은 곡선이다

진홍빛 바다가 하염없는 시간,

새들도 바삐 가던 길 날갯짓 멈추고

허공에서 귀 기울이는 재즈 한 자락이 축축하다

초로의 사내들 몇몇 모여 길 위에서 연주하는,

배꼽에서 끌어올리는 그리움은 눈물빛이다

들통 나지 않고 저를 가만 적시는 소리가

말레콘보다 길고 바다보다 깊다

떠나는 마음 슬퍼져, 잠들 수 없다

말레콘 말레콘

쿠바의 그리움이 뺏속 한 그리움에게 다이얼 돌리는,
길 밖

저만큼 〈여우와 까마귀〉 앞 빨간 공중전화 부스 보인다

—한이나, 「아바나 말레콘」 전문

여행은 한이나 시에서 "극약 같은, 지독한 아름다움"(「몬트레이 17마일」)이며 시적 낭만의 최종점이다. 수채화 같은 한 편의 시에서 여행자의 우수가 잘 드러나 있다. 자신의 내면과의 치열한 대화와 더불어 이방의 여행자로서 낭만적 우수는 한이나 시의 근간이 된다. "멀고 먼 서정의 끄트머리 아바

나의 말레콘은 곡선이다". 이 아름다운 시 구절을 오랫동안 음미해본다.

5. 옛사랑이 생각난다—껍데기로 돌아갈 것이다

진영대의 시는 죽음에 가까이 가 있다. 여기에서 죽음이란 물리학적인 의미만 뜻하는 것이 아니라 비어 있음이나 폐허의 터전으로서 상태를 포함한다. "단내인지, 구린낸지 모를/사과 향"처럼 "기침을/쿨럭쿨럭 토해내던 아버지"(「사과 향」)의 형상을 비유의 관찰 렌즈로 냉철하게 그려내고 있다. 앞에 말한 비어 있음 혹은 폐허의 터전을 시화하는 경우에도 진영대는 감성을 앞세우지 않는다. 밑바닥이 비어 있는 길가에 버려진 빈 페트병(「물병」)이나 껍데기가 본질이었던 우유팩을 그릴 때도(「우유팩을 말리며」) 더 나아가 조치원역에서 구걸하는 춘삼이 아저씨가 화장실 옆에서 조는 장면을(「꽃피는 봄이 오면」) 묘사할 때도 어떠한 연민의 감정도 유발하지 않는다. 오히려 즐겁기까지 하다. "처음부터 껍데기만이/나의 본질이었다"(「우유팩을 말리며」)고 고백하는 장면은 진영대가 바라보는 사물의 지점을 짐작케 해준다. "막걸리 같은 햇볕을 종일 퍼마시더니/꽃밥 한 그릇 앞에 놓고/잠이 들었다"(「꽃피는 봄이 오면」)는 장면은 봄날의 명랑함을 유감없이 보여준다. 춘삼 씨가 받아먹던 햇볕은 쪼그리고 앉아 전단지와 박스를 쌓는 할머니가 받아먹는 햇볕(「봄, 윤회」)과 정확하게 일치한다. 그러니 어떠한 비애의 포즈도 찾을 수 없다.

> 문짝을 떼어 가
> 안방까지 환히 보이네
> 털려도 골백번은 털렸을 집
> 숨길 것이 무엇
> 더 남아 있을까 싶은 집
> 호박덩굴이 집 한 채를 다 덮어버렸네.
>
> 육덕이 그리워
> 꽃 등불로 집 한 채를 다 밝혀놓았네.
>
> —진영대, 「그 사람」 전문

비애란 다분히 감상적일 터이지만 진영대는 그 몫을 독자에게 던져놓는다. 이용악의 「낡은 집」을 연상시키는 폐허의 터전으로서 사람이 떠난 집은 호박꽃의 차지가 되어버렸다. 어떠한 상상도 독자의 몫으로 남겨놓는 감각적 수법은 진영대의 방법론이 어떠한 시의 세계를 열어갈까 궁금증을 자아내게 하는 부분이다.

〈시천지〉 열한 분 동인들의 시를 훑어보았다. 동인지 해설의 특성상 유사한 느낌을 주는 시인들의 작품을 묶어서 살펴보았다. 각 소제목들은 동인들의 시 구절에서 건져 올렸다. 재차 말하거니와 인위적인 부분이 없을 수 없다. 넓은 국량으로 받아주시기를 바란다. 적지 않은 시간 동안 시를 대하고 보니 동인 한 분 한 분이 낯설지 않다. 어쨌든 시에는 마음의 결이 드러나지 않겠는가? 시를 읽는 며칠 잘 쉬었다.

1994년 10월, 권력과 자본 혹은 친소 관계에 기반해 발표지면을 나눠먹기 하는 문단의 현실을 반성하고 "한국 문학사적 의미를 지닌 시인 결사체를 만들자"는 뜻으로 상희구, 이나명, 노명순, 윤정구, 한이나, 최영규, 김성오, 고영섭 시인이 모여 '시의 천지' 또는 '시의 지천'을 만들기 위해 〈시천지〉 동인을 결성하다. 동인 이름은 '하늘과 땅이 어우러진 시', '좋은 시가 천지인 세상'을 만들자는 취지에서 '시의 천지', '시의 지천'을 함의하는 '詩天地'로 정하다. 이후 매월 한국 문학사에 큰 발자취를 남긴 시인 오상순, 한용운, 김수영, 정약용, 김소월, 윤동주, 김현승, 조지훈, 신동엽, 박목월, 주요한, 허난설헌(순례순) 등의 시세계 강의 및 시비를 순례하며 동인들의 문학적 우의를 다지다.

1995년 이나명 시인 〈대산창작기금〉 수혜.

1995년 시천지 동인지 제1집 『상처의 곳간: 천지 안에서의 건강을 꿈꾸며』(문학아카데미) 간행. 출판기념 시낭송회(샘터 파랑새 극장) 개최.

1996년 최영규 시인 《조선일보》 신춘문예 시 부문 당선.

1996년 시천지 동인지 제2집 『詩가 있고 시가 없다: 神性을 지닌 시』(문학예술) 간행.

1997년 윤정구 시인 〈대산창작기금〉 수혜.

1997년 시천지 동인지 제3집 『달빛 위 혹은 아래: 온몸으로 부르는 노래』(동학사) 간행.

1998년 노명순 시인 〈문예진흥기금〉 수혜.

1999년 시천지 동인지 제4집 『그림자도 때로는 다리가 되는구나: 善과 惡의 시』(오성문화) 간행.

1999년 진영대 시인 동인으로 참여. 이즈음부터 시의 소리짓과 몸의 몸짓을 아우르는 노명순 시인의 시극 〈시예술〉을 여러 무대에 지속적으로 올리기 시작.

2000년 윤정구 시인 〈문예진흥기금〉 수혜.

2000년 최영규 시인 〈문예진흥기금〉 수혜.

2001년 윤정구 시인 〈수주문학상〉 수상.

2001년 김성오 시인 〈문예진흥기금 전업작가지원〉 수혜.

2002년 시천지 동인지 제5집 『시천지·5: 詩라는 것』(다층) 간행. 김영교 시인 동인으로 참여.

2003년 윤정구 시인 〈문학과창작 작품상〉 수상.

2006년 시천지 동인지 제6집 『가슴털이 고운 새』(천년의시작) 간행.

2007년 이나명 시인 〈문학과창작 작품상〉 수상. 서주석 시인 동인으로 참여.

2009년 노명순 시인 〈바움작품상〉 수상.

2010년 최영규 시인 〈한국시문학상〉 수상.

2011년 최영규 시인 〈경기문학상〉 수상.

2011년 노명순 시인 〈한국시문학상〉 수상. 그해 11월 노명순 시인 타계.

2012년 한이나 시인 〈한국시문학상〉, 〈서울문예상 대상〉 수상.

2014년 최영규 시인 〈바움작품상〉 수상.

2014년 시천지 동인지 제7집 『뜸: 밝은 상상력의 발현과 한국 현대시의 여울 밝히기』(애지) 간행.

2015년 오석륜, 박수빈 시인 동인으로 참여.

2015년 한이나 시인 〈내륙문학상〉 수상.

2016년 고영섭 시인 〈현대불교문학상〉, 〈한국시문학상〉, 《시와 세계》 평론상 수상.

2016년 서주석 시인 〈한국시문학상〉 수상.

2017년 시천지 동인지 제8집 『점안(點眼)의 시법(詩法)』(시인동네) 간행.

고영섭

주　소: (04193) 서울시 마포구 백범로 37길 12, (신공덕동 155번지)
신공덕1차 삼성래미안아파트 103동 2101호
E-mail: koyoungseop@hanmail.net

김성오

주　소: Seong Kim
1333 W May st #410 Wichita, KS 67213 USA
E-mail: sungo-k@hanmail.net

김영교

주　소: (27487) 충북 충주시 남산 1길 29-35 해뜨는 마을 18호
E-mail: sohaya@hanmail.net

박수빈

주　소: (06630) 서울시 서초구 사임당로 130, 5동 705호
(서초동 신동아아파트)
E-mail: wing289@hanmail.net

서주석

주　소: (06274) 서울시 강남구 남부순환로 377길 25, 702호
(도곡동 192-2 현대 파크빌라)
E-mail: choranara19@gmail.com

오석륜
주　소: (01775) 서울시 노원구 동일로 207길 186
(하계동 354번지) 학여울청구아파트 106동 1802호
E-mail: sugyoono@hanmail.net

윤정구
주　소: (06709) 서울시 서초구 남부순환로 315길 80-13, 201호
(서초동, 대림빌라)
E-mail: jyoon2012@daum.net

이나명
주　소: (13519) 경기도 성남시 분당구 판교로 519,
712동 1902호 (야탑동 탑마을)
E-mail: namyung45@hanmail.net

진영대
주　소: (30021) 세종시 조치원읍 충현로 159,
102동 2403호 (침산리, 욱일아파트)
E-mail: jinyd9027@hanmail.net

최영규
주　소: (12280) 경기도 남양주시 조안면 송송골길 66
(송촌리 653)
E-mail: choibm@empas.com

한이나
주　소: (06284) 서울시 강남구 삼성로 212, 26동 303호
(대치동, 은마아파트)
E-mail: baulina103@hanmail.net

이 도서의 국립중앙도서관 출판시도서목록(CIP)은 서지정보유통지원시스템 홈페이지(http://seoji.nl.go.kr)와 국가자료공동목록시스템(http://www.nl.go.kr/kolisnet)에서 이용하실 수 있습니다.(CIP제어번호: CIP2017009628)

〈시천지〉 동인, 그 여덟 번째

점안(點眼)의 시법(詩法)

초판 1쇄 인쇄 2017년 4월 21일
초판 1쇄 발행 2017년 4월 28일
지은이 〈시천지〉 동인
펴낸이 고영
책임편집 서윤후
디자인 헤이존
펴낸곳 문학의전당
출판등록 제2017-000002호
주소 서울시 마포구 마포대로 11길 91, 3층
전화 02-852-1977 팩스 02-852-1978
전자우편 sbpoem@naver.com

ISBN 979-11-5896-316-3 03810